VOCÊ NÃO FICARÁ SOZINHA:

seja forte e corajosa

NATHÁLIA BELEM MELLO

VOCÊ NÃO FICARÁ SOZINHA:

seja forte e corajosa

Editora Labrador

Copyright © 2023 de Nathália Belem Mello
Todos os direitos desta edição reservados à Editora Labrador.

Coordenação editorial
Pamela Oliveira

Preparação de texto
Lívia Lisbôa

Assistência editorial
Leticia Oliveira

Revisão
Iracy Borges

Projeto gráfico, diagramação e capa
Amanda Chagas

Imagens da capa
Unsplash (Geordanna Cordero)

Dados Internacionais de Catalogação na Publicação (CIP)
Jéssica de Oliveira Molinari - CRB-8/9852

Mello, Nathália Belem
   Você não ficará sozinha : seja forte e corajosa / Nathália Belem Mello. — São Paulo : Labrador, 2023.
   112 p.

ISBN 978-65-5625-310-7

1. Luto I. Título

23-0583   CDD 393.9

Índice para catálogo sistemático: 1ª reimpressão – 2023
1. Luto

EDITORA Labrador

Editora Labrador
Diretor editorial: Daniel Pinsky
Rua Dr. José Elias, 520 – Alto da Lapa
05083-030 – São Paulo – SP
+55 (11) 3641-7446
contato@editoralabrador.com.br
www.editoralabrador.com.br
facebook.com/editoralabrador
instagram.com/editoralabrador

A reprodução de qualquer parte desta obra é ilegal e configura uma apropriação indevida dos direitos intelectuais e patrimoniais da autora. A editora não é responsável pelo conteúdo deste livro. A autora conhece os fatos narrados, pelos quais é responsável, assim como se responsabiliza pelos juízos emitidos.

Nossa vida muda de ciclo a cada momento e, a cada encerramento de uma nova fase, outra se inicia. Eu acredito que todas as situações que vivenciamos são permitidas por Deus e, se estamos passando por algo, isso é necessário e, a partir de então, vamos aprender a crescer, dividir, escolher e evoluir.

Em cada situação da minha vida, eu aprendi e ensinei. A vida não se encerra quando alcançamos nossos sonhos e vitórias nem quando passamos por algumas frustações. Escrever este livro faz parte do encerramento de um ciclo e do início de um sonho. Nada disso seria possível se eu não tivesse feito escolhas e renúncias, e vivido uma linda história com uma pessoa incrível, o Gersinho — meu primeiro amor. Este livro é uma forma de agradecimento pela nossa trajetória, por saber que tudo o que passamos juntos (ou, até mesmo, separados) fez de mim uma mulher forte e corajosa.

Sou extremamente grata a Deus pela vida e pela oportunidade de vivê-la. Nada existiria se os meus sonhos não fossem renovados e se eu não tivesse apoio da minha família e dos meus amigos. Em especial o do meu marido Emanuel, que me mostra a leveza da vida e a importância de viver um dia de cada vez. Este livro é dedicado a você e à nossa história de amor.

Agradecimentos

Foi necessário esperar o tempo passar para amadurecer o meu olhar sobre as situações. Apenas narrar um acontecimento não seria o suficiente, pois minha intenção sempre foi compartilhar o meu olhar sobre a vida.

Quando penso neste livro, penso sobre como podemos ter visões diferentes diante das mesmas situações, como cada um sente cada episódio vibrar de maneira diferente. Foi necessário esperar que se passassem sete anos de um acontecimento tão marcante para que eu conseguisse compartilhar como podemos ser mais fortes, mais justos e mais generosos conosco.

Então, em 2022, resolvi colocar em prática um desejo que havia nascido em meu coração, pois nunca é tarde para realizar sonhos, vivenciar histórias e compartilhar experiências.

Nada disso seria possível sem a mulher que é a fonte de inspiração para a minha vida: a minha vó Elci, que está presente tanto em dias de luta como de tristeza e alegria, e sempre foi a fortaleza da minha família. Agradeço também a todos que estiveram ao meu lado, em tempos ruins e em tempos felizes: a minha família — pai, Cristiano; irmão, Cris; e minha mãe, Gui. Agradeço aos meus amigos que nunca faltaram, em especial Ivânia e Paloma, que estiveram comigo durante muitas tribulações. Agradeço também a todos que se fizeram presentes e que ainda constroem comigo uma relação de amizade, evolução, amor e muito carinho.

Aos meus amigos de trabalho, que levo para a vida, Thaysinha, Paulinha, Grazi, Ladis, Anderson e Thais Borgo: obrigada por todo apoio e admiração. Agradeço a todos que, de alguma maneira, me ajudaram, oraram e me abençoaram em momentos difíceis, como a querida Edvanir Abrahão. Vocês foram força e inspiração quando eu já não podia caminhar.

Agradeço, em especial, ao meu marido Emanuel, que sonha comigo. Obrigada por todo amor e parceria, por respeitar o meu passado, por se orgulhar e por acreditar em mim — até mesmo quando eu penso em desistir. Você está ao meu lado. Te amo.

Eu só tenho uma palavra: GRATIDÃO.

Nathália Belem Mello

> TUDO TEM O SEU TEMPO DETERMINADO, E HÁ TEMPO PARA TODO PROPÓSITO DEBAIXO DO CÉU.
>
> ECLESIASTES 3,1

Sumário

12	Prefácio
16	Introdução
22	**CAPÍTULO 1 – Quando o outro vem antes do eu**
25	O que exatamente é empatia?
29	A minha história é o que me fez
32	Meu príncipe aos quinze anos
34	**CAPÍTULO 2 – O outro em primeiro lugar**
38	Namoro à distância
42	A festa de quinze anos
44	Início da primeira batalha
46	Vou me casar!
48	A vida no Rio de Janeiro
50	**CAPÍTULO 3 – Encarei a batalha de frente**
53	O início de tudo
59	Nossa vida no hospital
64	O fim de tudo
66	**CAPÍTULO 4 – O reencontro comigo mesma**
71	A busca por me encontrar
74	Ser grata
76	É preciso seguir
79	Eu e a minha melhor companhia: eu mesma
82	**CAPÍTULO 5 – Escolhi viver**
86	Aberta a novas possibilidades
89	Conhecendo o Manú
93	A vida a dois
96	**CAPÍTULO 6 – Tenho sorrisos para lembrar**
100	A virada de chave
103	As coisas mais importantes da vida
106	Recomece quantas vezes for necessário
108	**CAPÍTULO 7 – Carta ao leitor**

Prefácio

Hoje, não vemos as coisas com clareza. Estamos como que num nevoeiro, enxergando com dificuldade por entre a neblina. Mas isso não vai durar muito. O tempo vai melhorar, e o Sol vai aparecer! Então veremos tudo tão claramente quanto Deus nos vê, conhecendo-o diretamente, assim como Ele nos conhece! Mas, por enquanto, até chegar a perfeição, temos três coisas que nos guiam até a consumação de tudo: confiança firme em Deus, esperança inabalável e amor extravagante. E o melhor desses três é o amor.

(1Coríntios 13,12-13 – versão A Mensagem)

Este é um trecho do grande poema do amor, descrito nas Escrituras, em que o apóstolo Paulo nos ensina que fé, esperança e amor são três atitudes fundamentais para o caminho do amor.

A busca pelo amor nos faz trilhar um caminho com muitos desafios. Você deve estar pensando: por que enfrentamos tantos obstáculos durante a jornada? Por que tanta neblina? Por que tanta dor para vivermos um amor?

A dor não é inimiga, ela nos reposiciona. A dor não vem para matar, ela vem para nos marcar. É por meio dela que podemos compreender a nossa humanidade e encontrar a bondade de um Deus de misericórdia.

Acredito que todos nós já passamos (ou estamos passando) por momentos difíceis. Todos esses momentos nos oferecem infinitas possibilidades e precisamos estar atentos ao que a vida quer nos mostrar.

Mais importante do que o que acontece é o que decidimos fazer com o que nos acontece. Não escolhemos os processos pelos quais passamos nem as dores que vivenciamos, mas sempre podemos escolher como responderemos a esses estímulos. O poder da escolha está em nossas mãos.

Você pode ressignificar tudo! Você pode optar por ter um olhar de amor diante da situação mais difícil da sua vida. Você pode escolher deixar rastros de amor por todo o caminho.

Eu tive o privilégio de caminhar com a Nathália nos últimos vinte e nove anos e posso afirmar que ela tem autoridade para falar sobre o assunto, porque deixou as próprias marcas por todo o caminho que percorreu. Ela não mediu esforços para amar, cuidar e nunca perdeu a esperança de viver dias melhores.

Neste livro, além de relatar as próprias experiências, Nathália consegue falar aos nossos corações com muita profundidade e leveza. Suas palavras têm o poder de nos fazer acreditar nas mudanças e nos recomeços, e de nos encorajar a sempre escolher a felicidade.

Assim como eu, espero que você seja ricamente abençoado(a) por esta leitura, e que estas histórias produzam em você o tipo de fé excelente que ela tem demonstrado ter. Que Deus te abençoe — e te faça ser forte e corajoso(a).

Paloma Faria

Introdução

Quando resolvi escrever este livro, minha intenção era mostrar um pouco do que vivi em determinado período da minha vida. Mais do que isso, eu queria poder compartilhar como eu me refiz e segui em frente, mesmo depois de sentir uma das maiores dores que alguém pode experimentar: a perda de uma pessoa amada. No meu caso, meu marido.

Sempre que conto esta história, percebo que as pessoas ao meu redor se sentem tocadas por ela e, de alguma forma, encontram, na minha superação, a motivação que buscavam para enfrentar os próprios problemas e dificuldades. Então, hoje, meu desejo é que este livro ajude você a perceber que sempre existe uma maneira de olhar a vida com esperança e com mais positividade; como uma oportunidade de recomeçar.

Perder um grande amor deixa saudade, é verdade, mas as pessoas continuam vivas dentro de nós, porque moram no nosso coração. Essa frase que escutei do meu pai é, também, uma grande verdade para mim. As lembranças do Gersinho me acompanham a todo momento.

Viver com as lembranças de quem já se foi pode ser visto como algo melancólico e doloroso. Há quem diga que é preciso apagar o que foi, o que a pessoa deixou, virar a página para se reconstruir. Mas, na prática, funciona assim mesmo? Como, afinal, esquecer? Como passar uma borracha no passado e em tudo o que vivemos? Como começar do zero, deixando de lado o que fomos um dia, com outra pessoa?

A morte é uma passagem. E não quero entrar em questões religiosas aqui; falo no sentido literal, uma vez que o corpo físico, a matéria estrutural do nosso corpo, deixa de existir. O que fica são as lembranças de quem se foi; mas também de nós mesmos, que ficamos e permanecemos existindo, habitando um espaço e sem a chance, depois dessa passagem, de tocar o outro, de sentir, olhar ou compartilhar a existência.

Visualizar a morte como uma passagem e perceber que eu segui aqui, fisicamente, com sonhos, vontades e com uma vida pela frente (mas sempre acompanhada de tudo o que vivi com o meu marido e com todos aqueles que conviveram com a gente, ao longo de nossa vida), encheu o meu coração de paz e amor. O Gersinho não está mais aqui diariamente, eu não converso mais com ele ou saio para jantar, não dividimos mais a vida, mas isso não apaga o que vivemos, o que construímos e o que nos fez sermos nós, durante tantos anos.

O "nós" continua de outro modo, dentro de mim. Essa decisão foi minha. Mantê-lo vivo, aprender a conviver com as lembranças e transformar a saudade em coisa boa cabia apenas a mim, a mais ninguém. Foi o que fiz. Passei a viver o amor que sempre vivi como regra máxima na minha vida. Eu sabia que podia ser melhor; sabia que podia escolher ser a minha melhor versão, todos os dias.

> TRANSFORMAR A SAUDADE EM FELICIDADE É UMA ESCOLHA. EU ESCOLHI SER FELIZ.

Quem conviveu comigo, de perto, sabe que não foi fácil seguir com a minha rotina enquanto ele estava em um quarto de UTI, por quase dois anos; mas sempre busquei não focar isso e, sim, a vida que construímos juntos dos meus treze aos vinte e nove anos. Afinal de contas, eu fiz escolhas: desejei estar com alguém e desejei cuidar dele. Acreditei, a todo momento, que ele ficaria saudável. Para mim, o amor era capaz de tudo — e, de certa forma, foi mesmo.

O nosso amor é parte de quem sou hoje, e foi por acreditar na verdade desse amor que encontrei caminhos e ferramentas para me reconstruir e seguir em frente. Seres humanos costumam seguir exemplos e, geralmente, buscamos nossas referências em pessoas ao nosso redor: pai, mãe, avós, irmãos, marido... Nesse momento, os valores que reconhecemos no outro e que também identificamos em nós é que importam. E eu sei que os valores que o Gersinho e eu dividíamos seguem intactos, dentro de mim, e me fortalecendo todos os dias.

E é exatamente por isso que decidi escrever este livro. Os valores que encontrei na minha história e que me fazem seguir acreditando numa vida boa e feliz — apesar de tudo — me fizeram acreditar que eu podia compartilhar essa experiência com as pessoas. Afinal, quanto mais gente acreditando que pessoas boas existem e fazem diferença, melhor o mundo fica, não é mesmo?

Eu entendi, vivendo, que a fé, o amor e a esperança são capazes de mover montanhas e me encorajaram a seguir forte e em frente. Esses sentimentos foram o estímulo diário para que eu seguisse firme, dia após dia, mesmo ouvindo que meu marido poderia não estar mais ali no momento seguinte, na semana seguinte. O apoio dos familiares e amigos também foi fundamental para que eu resistisse e, neste livro, reuni os momentos mais marcantes dessa trajetória, que me fizeram ser quem eu sou, hoje.

Quando somos jovens, muitas vezes nos vemos em situações aparentemente sem escolha, mas, hoje, quando olho para trás, percebo que desde muito nova eu já tomava minhas decisões. E, ainda que eu não tivesse a consciência das consequências que viriam em seguida, sempre encarei todas elas com a responsabilidade do que escolhi viver. Escolhi mandar cartas e dar flores em vida, e escolhi estar presente. Escolhi viver todas as situações com amor, construindo relações com cuidado e olhando para todos os momentos, com leveza. A fé e o romantismo me fizeram acreditar que eu viveria um conto de fadas. E vivi, mas um conto de fadas real.

Mas, como assim, Nathália, um conto de fadas? O seu príncipe morre no final? A ideia não é vivermos "felizes para sempre"?

A resposta a essa pergunta você vai encontrar nas próximas páginas, mas entenda: finais felizes são feitos de narrativas reais e o que eu vivi se reconstrói na minha vida, de agora em diante. Você quer viver melhor, hoje? Então, acompanhe esta minha — e também sua — história de amor e entenda que você pode, sim, ser leve, forte e corajosa.

CAPÍTULO 1

Quando o outro vem antes do eu

Você já parou para pensar em como você tem levado a sua vida? E, mais do que isso, como você tem se posicionado diante dela? Eu sei, nem sempre é fácil parar para pensar em tópicos como esses, mas, como o próprio nome deste livro diz, a ideia é que essa reflexão seja leve e (também) corajosa.

Eu já estive no lugar de quem não parava, não olhava para dentro e nem sequer se perguntava *será que é isso mesmo o que eu quero?* E a verdade é que não há mal nenhum em viver assim; na grande maioria das vezes, não sobra tempo para pararmos, pensarmos e, então, agirmos. A vida é o que acontece agora, no instante e nas escolhas que fazemos.

Hoje tenho plena consciência de que sou o resultado das escolhas que fiz e do que deixei de fazer, mas é claro que, no momento em que tudo acontece (ou acontecia), eu não tinha essa clareza.

Você já teve essa sensação?

Se não teve, a minha proposta aqui é que você reflita sobre o modo como tem vivido a sua vida, como tem escrito a sua trajetória. Vivemos em tempos acelerados, tudo é para ontem, nada pode esperar e tudo é urgente. Mas será que precisa ser assim? Será que todo mundo vive assim o tempo todo? A cada dia que passa, eu tenho entendido que não.

Desde o primeiro convite que recebi para contar a minha história — e que me levou a refletir sobre ela — tenho entendido que a vida está, sim, no agora, no momento presente e no tempo que dedicamos às pessoas e a nós mesmos. Porém, não é *qualquer tempo* ou qualquer coisa. E essa é a diferença.

Este capítulo é um convite à reflexão sobre o tempo das coisas e o modo como lidamos com elas. Você está preparada? Eu espero que sim, porque desejo que as minhas decisões a inspirem a se conectar melhor com a sua própria narrativa.

> A VIDA ESTÁ NO AGORA.
> MAS COMO VOCÊ TEM VIVIDO ESSE AGORA É O QUE TORNA A SUA VIDA MAIS (OU MENOS) FELIZ.

O que exatamente é empatia?

Estar vivo em pleno século XXI, pós-pandemia, no auge da crise sanitária mais longa dos tempos modernos, é, com certeza, ouvir falar de empatia. Mas o que é, realmente, empatia? Ok, o conceito já está bem divulgado e eu não preciso me estender no seu significado, então basta dizer que é se colocar no lugar do outro, olhar o mundo com os olhos do outro, sentir a dor do outro.

Minha pergunta é: como isso acontece, na prática? O que significa realmente se colocar no lugar do outro, ver o mundo como o outro vê e estar disponível para sentir a dor do outro?

Eu me apaixonei aos treze anos. Casei com o meu primeiro amor, mesmo sabendo que ele estava doente. Decidi me casar e vivi a minha vida ao lado dele, até que a morte nos separou. Fiquei viúva aos vinte e nove anos, depois de tê-lo acompanhado por uma longa jornada em semi-intensiva e na UTI de um hospital.

Esse é apenas um breve resumo e já perdi a conta de quantas pessoas me disseram que eu me anulei para viver a vida do outro. Casei muito nova, permaneci num relacionamento que não seria longo porque meu marido estava doente e decidi ficar ao lado dele, até o fim.

Num primeiro momento, eu quase acreditei nisso. Quase me entreguei à ideia de que o outro sempre faz a gente observar a nossa vida sem vivê-la. Mas, depois, ao tirar um tempo para mim, entendi que as coisas não são — e não devem ser — tão simples assim.

Sim, eu me casei nova. Vivi um casamento ao lado de uma pessoa doente. Adaptei-me para acompanhar meu marido ao longo de todo o tratamento e permaneci ao seu lado. Essa foi a escolha que eu fiz.

Eu decidi ficar, eu quis ficar. Gerson e eu tivemos, sim, conversas difíceis a respeito disso. Quando ele descobriu a doença, aos dezoito anos, a escolha dele foi a de não ficarmos juntos. Para ele, eu era jovem demais e tinha uma vida toda pela frente. Ele queria me ver feliz e livre e, na cabeça dele, não fazia sentido que eu vivesse o que ele tinha de viver; que eu levasse uma vida como se estivesse doente porque ele estava doente.

Embora muita gente julgue essa reação dele como natural, como certa, não é, definitivamente, a mais fácil. É bonita; altruísta, da parte dele; talvez, correta; mas difícil. E é aí que a minha relação com a empatia entra.

Como já esclareci, fiquei ao lado do Gersinho. Porque eu quis e o amava. Mas, para ilustrar um pouco como funcionava a minha cabeça naquela época (e como talvez ainda funcione), vou fazer umas perguntas:

Você já amou alguém que te pediu para ir embora porque uma questão de saúde (ou uma dificuldade) faria que vocês passassem, como casal, por momentos difíceis? Você já amou alguém que adoeceu e não queria te ver sofrer? Você já amou alguém que queria te poupar das dificuldades? Você já amou alguém que não queria, nem por um segundo, te ver com a cara preocupada, por culpa dele?

Você já amou alguém?

É, eu sei, quando colocamos as coisas em perspectiva, o peso muda. Eu amava esse homem e eu não queria, de jeito nenhum, sair do lado dele, mesmo que isso significasse passar por momentos doloridos.

Naquele momento, a empatia, para mim, era ver o mundo com os olhos do Gersinho. Afinal, colocando-me no lugar dele, como será que eu me sentiria se ele, seguindo um pedido meu, me deixasse? Certamente ficaria devastada, arrasada, destruída e, sem dúvida alguma, pensaria que a minha hipótese de esse cara ser o amor da minha vida estava errada.

QUEM AMA FICA.

Antes que você pergunte... Não, eu não me arrependo de nada. Mas é óbvio que, ao final de toda essa experiência, muita coisa evoluiu na minha mente. E, aos trinta anos, eu me deparei com uma Nathália devastada, mas com uma vida inteira pela frente. Como seguir? Como viver sozinha? Como sair dessa? Seria possível ser feliz depois de tudo isso? Eu merecia ser feliz?

O caminho pela busca por essas respostas ainda está sendo percorrido — entendi que a vida é aprender diariamente. E, quanto mais você se conhece, melhor se conhece, mais perguntas aparecem.

Então, eu simplesmente segui. E, pela primeira vez, permiti colocar-me em primeiro lugar. Sem falsa modéstia, depois da partida do Gerson coloquei-me em primeiro lugar, pela primeira vez, porque me reconheci como uma pessoa que sempre colocou o outro na frente de si mesma. E essa questão é um traço da minha personalidade.

Não. Isso não quer dizer que eu não acredite na empatia ou ache que a vida do outro não tem valor. Não é isso. Mas entendi que a minha vida é valiosa, que a minha voz tem valor e que, embora eu siga olhando para o próximo e valorize a sua história, eu me posiciono em primeiro lugar. Afinal, sou a protagonista do que vivo.

Antes, eu me pautava pela história das outras pessoas; a minha vida se desenhou desse modo e não me culpo por isso. Foi assim que aconteceu. Mas percebi como esse excesso pode ser prejudicial.

Quando se colocar no lugar do outro se torna uma necessidade de aprovação, é chegada a hora de olhar com mais atenção para isso, de despertar.

A minha história é o que me fez

Nesse período de mergulhar dentro de mim, tenho me reconectado com a minha essência e as minhas origens. E esse olhar para dentro fica bonito, mas pode ser dolorido. Foi nessa viagem que entendi que a minha relação com o outro esteve presente, em mim, desde sempre. Isso significa que a ideia de me colocar em primeiro lugar é bastante recente.

Acredito que a vida da gente se desenha do jeito que tem de ser. Tomamos as decisões com base naquilo que vivemos e, sem percebermos, vamos criando pequenos atalhos que nos protegem de dores, muitas vezes, imperceptíveis. Às vezes, não queremos machucar alguém e colocamos a vontade do outro na frente da nossa. Às vezes, não queremos decepcionar o outro e mudamos a rota. Às vezes, não queremos ferir o outro com escolhas diferentes porque queremos evitar uma discussão.

E assim vamos seguindo, até que a maneira como nos comportamos molda a nossa personalidade. Essa combinação de escolhas se torna o que somos e tudo se mistura. Por isso, digo que a minha relação com as escolhas me fez ser o que sou hoje e me fez seguir pelo caminho que segui.

A minha infância foi marcada pela separação dos meus pais. Com sete anos incompletos, escolhi morar com o meu pai. Minha referência materna, então, era minha avó paterna, Elci. Esse modelo de família era bem diferente daquele que eu estava habituada a ver, mas é claro que isso me moldou e impactou minhas relações futuras. O cuidado e a atenção que recebi da minha vó me fizeram ser a mulher que sou hoje, desde escolhas difíceis até minha independência.

Não há certo e errado, nem mágoa ou ressentimento em relação a ninguém. Perdoei a minha mãe e hoje temos uma relação de mãe e filha. Vivemos como tivemos de viver, naquele momento, e tudo bem, aceito que tenha sido assim.

A convivência com a minha avó e a vida com o meu pai e o meu irmão me moldaram, fizeram-me mais humana e prestativa, considerando as relações com as pessoas. O que veio depois disso tem raiz nessa fase. A minha avó se tornou minha mãe, e me vejo nela. Ela foi uma mulher forte, que se levantou após a morte do meu avô, quando o meu pai tinha apenas quatro anos, e escolheu cuidar e ser a base da nossa família.

Todas as escolhas feitas na infância estarão presentes para o resto da minha vida. Então, quando optamos por nos colocarmos em primeiro lugar, essas escolhas serão pautadas pelo nosso próprio desejo, nossa própria vontade. E isso traz conforto, segurança e paz. As pessoas que nos amam de verdade vão permanecer, apesar das nossas escolhas. E, se não permanecerem, isso não significa que elas não nos amam, significa apenas que elas escolheram seguir, porque não aceitaram a nossa decisão.

Se não soubermos olhar para tudo isso com amor e empatia — sim, ela — a vida não segue com tranquilidade.

Meu príncipe aos quinze anos

Acredite se quiser, mas conheci o meu marido por conta de outra Nathália, que estudava comigo. Sim, isso mesmo, ele puxou assunto comigo para saber de outra garota. O que eu não sabia, àquela altura, é que esse era só um motivo para conversar comigo.

— Você conhece a Nathália de Poços de Caldas?

E eu também era *a Nathália de Poços de Caldas*, mas, naquela hora, nem me toquei que ele queria mesmo era falar comigo. Eu pouco estava interessada naquele garoto e, muito menos, na festa da Marianinha, que ele queria saber se a tal Nathália de Poços de Caldas iria. Na minha cabeça, o Gersinho não era para mim, porque ele namorava outra menina.

Até que, para a minha total surpresa, acabei ficando com o Gersinho na tal festa. E foi assim que tudo começou, com uma brincadeira: meu príncipe, aos quinze anos, num condomínio na praia, no Rio de Janeiro. Mal sabíamos nós dois que o primeiro beijo (roubado) viria a se tornar a nossa história de amor, um namoro que nem era namoro e que virou namoro porque meu pai nos viu de mãos dadas na praia.

E, com um pedido (*tio, deixa eu namorar a Nathália?*), sem voz, engasgado e com o rosto corado, começamos a namorar. Mas só durante as férias de verão.

O SEU PRÍNCIPE ENCANTADO
PODE ESTAR LOGO ALI
E SER MAIS REAL
DO QUE VOCÊ IMAGINA.

CAPÍTULO 2

O outro em primeiro lugar

Eu não me lembro de nenhum momento da minha vida em que eu não tenha colocado o outro em primeiro lugar. Você já se sentiu assim?

Não acredito que esse modo de viver a vida seja ruim ou não seja o melhor caminho a ser seguido. Eu mesma mantive esse comportamento por mais de trinta anos e não posso dizer que vivi mal ou que me arrependa das decisões que tomei.

Mas, ao parar para refletir sobre a minha história, ao dedicar tempo para me conhecer melhor e me colocar em primeiro lugar, talvez (pela primeira vez na vida), eu tenha aprendido algumas coisas sobre me priorizar. E, talvez, essa seja a coisa mais valiosa desse processo de autoconhecimento.

Espero que você, caso algum dia perceba que tem colocado o outro em primeiro lugar, quase de maneira automática, em todas as questões da sua vida, tenha tempo e energia — porque, sim, é preciso energia — para pensar nos motivos. Eu garanto que o percurso não é o mais fácil, mas as descobertas são libertadoras.

No meu caso, a minha vida foi se desenhando para que eu assumisse este lugar: o outro demandava cuidado e eu era forte. Isso não quer dizer que as pessoas tenham me dito que tinha que ser forte ou que tinha que cuidar delas, mas eu entendi assim e me moldei para que a minha maneira de amar fosse esta: dedicar-me ao outro sempre, sem magoar ou fazer qualquer coisa que desagradasse.

Desde a separação dos meus pais, fui ocupando o lugar da menina que não dá trabalho, que não diz "não" aos adultos responsáveis, que estuda e tira notas boas na escola — enfim, a menina que cuida e se comporta bem. Afinal, já tinha tanta coisa acontecendo, que ela não podia ser mais uma preocupação.

Hoje, adulta, percebo que todos nós somos os reflexos daqueles que vêm antes da gente, que constroem a vida de um modo que ela funcione. E tenho orgulho da minha família e do modo como nos organizamos e nos cuidamos. Mas também entendi que eu posso fazer as minhas escolhas e, ainda assim, continuar zelando, cuidando e amando o outro; porque isso tem a ver com valor e com a nossa essência.

Para se colocar em primeiro lugar você precisa se conhecer e estabelecer os seus limites, e isso não significa ferir o outro ou deixar de respeitá-lo.

ESTABELECER LIMITES É AMAR A SI MESMO E AO OUTRO DE MANEIRA RESPEITOSA.

Em 2022, depois de muita terapia, decidi viver guiada pelo meu coração. E adivinhe o que descobri?

Descobri que as pessoas não só continuam me amando, como também passaram a me respeitar mais. E isso tem sido lindo e libertador.

Eu entendi que os meus limites, todos os "nãos" que eu digo, não precisam desrespeitar o outro, porque respeito tem a ver com valor, mas, ao mesmo tempo, não podem me desrespeitar, me deixar chateada.

Aprendi que, quando eu me amo, fico mais leve, mais feliz, mais realizada, e essa energia chega às pessoas e as deixa mais leves e mais felizes também.

Percebi que amor-próprio é maior (e mais necessário) do que qualquer outro amor e que, quando a gente se coloca em primeiro lugar, evita passar por coisas que nos ferem e nos deixam sem saída.

A Nathália de hoje ama e cuida da Nathália de ontem e morre de orgulho da mulher que foi, que é e que vai ser. E tem certeza de que esse processo pode mudar a vida das pessoas. Mas, para contar como se faz para continuar se conhecendo diariamente, preciso seguir relatando o que me fez chegar até aqui. Por isso, agora, vamos voltar ao namoro com o Gersinho. Prepare-se para se emocionar com um amor puro e bonito.

Namoro à distância

Foi assim, quase numa brincadeira, que comecei a namorar com o meu primeiro amor. Nem eu, nem ele, nem ninguém que nos conhecia podia imaginar que aquela *brincadeirinha de adolescente* iria se transformar numa linda (e duradoura) história de amor.

A essa altura, deve estar mais do que claro que o meu pai disse "sim" ao Gersinho — e àquele pedido de namoro meio sem jeito, meio fofo, meio "*será que é isso mesmo?*". E selamos o compromisso ali, naquela noite, no condomínio onde eu passava as férias com a minha família e vivi muitos dos melhores momentos da minha vida.

Preciso dizer que a ideia de começar um namoro, meio de surpresa, foi, de fato, uma grande novidade para mim. Até bem pouco tempo antes eu mal sabia beijar, eu mal sabia o que era estar namorando com alguém.

Nessa época, eu tinha só treze anos e estava começando a sair de casa, a viver a vida de adolescente. Eu era só uma menina do interior, criada por uma avó bastante rígida e que se mantinha sempre vigilante com relação à minha educação. Eu tinha horário para tudo, só podia sair com as pessoas que minha família conhecia. E, com as minhas amigas de Poços de Caldas, não era muito diferente; então, para mim, essa era a realidade.

Aí, nessas férias, na casa de praia da tia, a mineirinha começou a namorar com o Gersinho. A mineirinha quietinha, que tinha horário para tudo (até pra voltar pra casa, dentro do condomínio), que tinha que pedir autorização pro pai e pra tia, se quisesse encontrar os amigos ou ficar até mais tarde batendo papo fora de casa.

O namoro começou naquela noite. Eu e o Gersinho namorando. E o que era só uma brincadeira, para a família, era bem sério para o casalzinho adolescente e apaixonado. Mas, é claro, com o fim das férias, voltei para Poços e o Gersinho seguiu a vida dele, no Rio de Janeiro. Como ficou, então, esse namoro?

Quando eu conto, muita gente logo pensa: *ah, isso é bobagem, coisa de adolescente, com certeza durou só um pouco depois do fim da viagem e aí foi esfriando até acabar*. E, concordo, é o que parece mais lógico — a Nathália de hoje, por exemplo, com certeza pensaria assim. Mas a Nathália adolescente tinha encontrado o primeiro amor da vida dela e, ao contrário de todas as expectativas, o namoro seguiu à distância. E foi muito bem, obrigada.

Como assim, Nathália, um namoro à distância entre dois adolescentes?

Uai, gente, sendo à distância no formato adolescente!

QUANDO OS DOIS QUEREM, NÃO HÁ DISTÂNCIA QUE IMPEÇA DE FAZER DAR CERTO.

Do primeiro beijo a um namoro à distância entre adolescentes. Com o *plus* de a tecnologia não ser nem de perto o que é hoje. FaceTime? Ligação por vídeo? Skype? WhatsApp? Nada disso era realidade. Tinha telefonema depois das 23 horas (pois era mais barato) ou bate-papo na internet discada após a meia-noite (quando se podia ficar a madrugada toda conversando, mas pagar apenas um pulso). A gente se falava muito por telefone, conversávamos por horas. E havia também muitas trocas de cartas. Eu ficava ansiosa para receber uma resposta do Gersinho e o correio demorava uma semana para entregar uma carta simples! Nem sei como sobrevivíamos. Detalhe importante: eu ainda guardo nossas cartas, em uma caixinha de lembranças.

Durante dois anos nos víamos só nas férias e feriados prolongados. Férias essas que eram passadas no Rio de Janeiro, com direito a praia, sol, idas ao cinema, jantar em família.

Até que, em determinado dia, o Gerson me liga e me diz que queria ir me ver em Poços. Eu fiquei muito feliz e, ao mesmo tempo, sem saber o que fazer. Eu ainda não tinha quinze anos; ele, quase dezessete. E a gente namorava à distância. Falei com a minha avó e com meu pai. A condição para que essa visita acontecesse é que ele não podia ficar em casa. E foi assim: num feriado, o Gerson foi pra Poços e passou alguns dias por lá. Eu estava na escola e ele foi me buscar. Eu nunca me esqueço de como estava feliz! Ele, no hotel; eu, na minha casa — e nos vimos durante todos aqueles dias.

Foi nesse momento que o namoro começou a parecer mais sério para a nossa família. Veio, então, a minha sonhada festa de quinze anos e, naturalmente, o Gersinho foi o meu príncipe.

Literalmente, o meu príncipe.

A festa de quinze anos

Imagine uma festa de princesa, com tudo o que ela tem direito, tipo o baile da Cinderela! Com vestidos lindos e convidados bem-arrumados para celebrar a chegada dos quinze anos da adolescente. Foi, de fato, uma festa de princesa. O Gerson e a família dele vieram para Poços.

Lembro desse dia como se fosse hoje. Os convidados todos chegando, a minha família, meu pai, meu irmão. E a festa. Eu me senti realmente uma princesa. Usei dois vestidos diferentes, um para cada momento da noite. E dancei a valsa com os meus príncipes: meu pai, meu tio-avô e o Gersinho.

A dança com o Gersinho foi especial. Antigamente, nas festas de quinze anos, era bem comum que a aniversariante convidasse mais quinze casais para dançar a valsa com ela. E, na minha festa, nessa valsa, o meu príncipe surgiria todo de branco, com um sapato nas mãos. Todas as meninas provariam o sapatinho, em vão, até chegar a minha vez (e, em mim, é claro, ele serviria).

O Gersinho estava lindo nesse dia. Um verdadeiro príncipe. Ele tremia de nervoso e, ali, naquela noite, eu tive certeza de que éramos apaixonados um pelo outro. Dançamos a valsa e, durante a dança, ele disse que tinha me trazido um presente que gostaria de entregar no fim da festa, depois que todo mundo tivesse ido embora.

Foi um momento tão lindo entre nós! No fim da festa, sem ninguém por perto, ele me chamou e conversamos um pouco. Ele me beijou e me deu uma pulseira. Apaixonada, o namoro resistiu à distância e as viagens começaram a aumentar: eu ia ao Rio com mais frequência ao longo do ano e ele ia a Poços de Caldas.

O tempo foi passando, nós fomos crescendo. O Gersinho era muito bonito, sempre bronzeado de sol, bem "menino do Rio". Em fevereiro de 2001, em um acampamento da igreja, percebi que algo estava diferente nele. Ele não parecia cem por cento bem, tinha emagrecido um pouco, parecia menos bronzeado. E, além disso, não estava muito feliz, pois ainda não tinha passado na faculdade que desejava.

Depois do acampamento, ainda em Poços de Caldas, o Gersinho começou a ter febre e mal-estar; mas, mesmo assim, seguiu de volta para o Rio de Janeiro. Ficamos um tempinho sem nos vermos. Ele, ainda na dúvida se cursaria a faculdade ou não. E eu estava na fase de estudar para prestar vestibular. À distância seguíamos namorando. Até que veio a notícia.

Um dia, minha avó recebeu a ligação da família do Gersinho. Era para contar que ele estava doente. Desde o acampamento, o Gersinho vinha perdendo peso, sentindo-se mal... As idas ao médico e muitos exames confirmaram: ele estava com câncer na medula e precisava começar o tratamento o quanto antes.

Início da primeira batalha

Minha avó ficou desolada. Meu pai ficou sem saber o que fazer. A única coisa que passava pela cabeça deles era: como vamos contar para a Nathália? Como você deve imaginar, saber que o Gerson estava doente, com câncer na medula, foi um choque. Na época, eu não tinha muita noção do que era isso, mas, coincidentemente, passava a novela *Laços de família* e a personagem que a Carolina Dieckmann interpretava, a Camila, tinha câncer, fazia tratamento e lutava para sobreviver. A cena do Gersinho passando pelo que a Camila passava me veio à cabeça. Eu fiquei sem chão.

E, para piorar, o Gerson quis terminar o namoro. Ele não queria continuar comigo porque estava doente, ia ter de fazer tratamento, cuidar-se e não sabia o que viria pela frente.

Os dias que se seguiram foram longos e difíceis. Não teve nada que fizesse o Gerson mudar de ideia. Ele não queria mais continuar o namoro. Então, "terminamos". E coloco entre aspas porque a verdade é que nós nunca deixamos de nos falar. Seguimos em contato ao longo de todo o tratamento dele — ou eu falava com ele ou a família dele me dava notícias, e assim foi.

Eu segui estudando para prestar vestibular. Ele, claro, trancou a faculdade e continuou fazendo o tratamento. Para se curar, mesmo, ele precisava fazer um transplante de medula. Toda a família fez os exames, eu fiz, minha família fez. Mas ninguém tinha a medula 100% compatível. E foi aí que ele se cadastrou num banco internacional de medulas.

Enquanto o Gerson estava à espera da medula, eu tinha certeza de que ele conseguiria vencer essa batalha. Ele não só achou um doador, como também quatro pessoas compatíveis. Melhor impossível! Até que se fizessem todos os exames, os médicos decidiram trazer a medula de uma pessoa de um banco de doação dos Estados Unidos. Todo o trâmite correu bem, a cirurgia foi maravilhosa e o Gerson conseguiu uma medula nova no dia 25 de maio de 2003. Então, era só seguir com o tratamento e se cuidar, para que o corpo dele reagisse bem àquela doação.

O tempo passou, nós nos encontramos novamente. Ele já transplantado, eu já aprovada na faculdade, a vida voltando aos eixos. Parecia que a gente podia voltar a sonhar de novo.

E voltamos. No momento em que nos vimos de novo e ele me contou que estava curado, me deu um beijo. E foi aí, nesse beijo, que reatamos o namoro.

Agora a gente pode ficar junto.

E ficamos.

NUNCA DUVIDE DOS SEUS SONHOS. O PRIMEIRO PASSO PARA QUE ELES SE REALIZEM DEPENDE SÓ DE VOCÊ.

Vou me casar!

Estávamos mais apaixonados do que nunca. O Gerson, recém-transplantado, estava com uma sede de viver inacreditável, e nós estávamos vivendo mais um sonho de princesa. Era mais um sonho da Nathália adolescente que se realizava. Eu e o meu primeiro amor, vivendo um conto de fadas bem real.

Eu segui estudando, já na faculdade. O Gerson voltou a estudar, mas o tratamento ainda requeria uma série de cuidados. Ele vivia tendo pneumonias e ficava doente com muita frequência. A medula, por não ser de alguém da família, tinha mais chances de ser rejeitada, mas tudo indicava que ele estava indo bem.

A vida estava sorrindo pra gente. E nós, apaixonados.

Logo veio o pedido de casamento. Ficamos noivos. Os dois muito novos, é verdade, mas muito apaixonados e com um desejo imenso de ficarmos juntos.

Para a surpresa de todos, o casamento veio, e veio rápido!

Nós queríamos muito ficar juntos. E foi só terminarmos a faculdade que nos casamos. E o casamento foi lindo, mas quase sem noivo. E já te conto o porquê.

Como eu disse, o tratamento do Gerson seguiu por um bom tempo, mesmo depois do transplante. Ele tinha que se cuidar para não haver rejeição da medula e, ao mesmo tempo, os medicamentos deixavam-no com a imunidade comprometida. Então, volta e meia, ele se resfriava ou tinha alguma alergia.

Bem nas vésperas do casamento, ele teve herpes-zóster, uma doença viral (o vírus da catapora) que, basicamente, manifesta-se quando nossa imunidade baixa. Bom, a dele já era baixa, imagine o que aconteceu, com a emoção à flor da pele? Coitado, quase morreu de dor... Se você já teve ou conhece alguém que teve essa doença sabe do que eu estou falando, a dor é forte.

Mas, ainda assim, ele veio — claro! — e nos casamos. As fotos desse dia são perfeitas. No entanto, o noivo não sorri. Ouvi comentários do pastor, do fotógrafo e de alguns convidados: *o noivo não parece muito feliz*. Ele estava radiante — eu garanto — mas estava morrendo de dor. Rimos demais disso, depois, e ele sempre brincava: *Nathália, você teve a maior prova de amor da sua vida; eu apertei a mão de mais de duzentos convidados e ainda sorri, mesmo sofrendo de dor.*

Essa realmente foi uma das provas de amor da minha vida. Depois dela, ainda viveríamos muitas outras — minhas e dele.

Casados, embarcamos para uma lua de mel a três: Gerson, eu e a enfermeira. Sim, isso mesmo, nossa primeira lua de mel foi acompanhada por uma enfermeira. Ele não podia piorar de jeito nenhum e, por isso, ela nos acompanhou. Foi em Poços mesmo. Mas, depois, quando ele estava melhor, fomos só nós dois para o Chile e para a Argentina.

E assim começamos a vida de casados.

A vida no Rio de Janeiro

Recém-casados, decidimos morar no Rio de Janeiro. Lá era melhor para o Gersinho e eu queria que ele estivesse bem, sempre. O bem-estar dele era a minha felicidade. Mudei, mesmo a contragosto de alguns. Eu era muito nova, afinal. Mas depois de um tempo, tudo se encaixou e todos entenderam e me apoiaram.

Foi no Rio, por amor ao Gerson, que eu me encontrei, pela primeira vez. E sou grata demais a ele por isso. Foi naquela cidade que eu descobri mesmo quem era a Nathália. Fui feliz demais lá. Trabalhei em grandes empresas, na TIM, na Globo, e conquistei um bom desempenho profissional para uma recém-formada. Eu era a Nathália que eu nem sabia que existia.

O Gerson, entre altos e baixos, vivia bem, na maior parte do tempo. Vez ou outra, tinha uma pneumonia mais séria, mas também vivia a vida dele no trabalho, realizando os sonhos dele e os nossos. Nós tínhamos uma rotina que funcionava e nos dávamos muito bem como casal, nossos amigos viviam com a gente e compartilhavam desses bons momentos.

A vida sorriu pra gente e nós aproveitamos tudo o que tivemos direito.

Até que o Gerson, focado em ficar rico antes dos trinta anos, recebeu uma proposta para virar sócio da empresa em que trabalhava. Mas, para isso, ele tinha de se mudar para São Paulo.

EU DECIDI FICAR.

Eu quis ficar no Rio de Janeiro. E fiquei. Durante um ano, vivemos em intensa ponte aérea: ele ia para o Rio e eu ia pra São Paulo. No Rio, trabalhando na Globo, eu me encontrei, mesmo não atuando na minha área de formação, eu estava realizada profissionalmente e, por isso, fiquei. Nesse ano, tive coragem de dirigir sozinha, pela primeira vez. E também me vi sozinha, pela primeira vez.

EU APRENDI A VIVER SOZINHA.

E vivi bem. E o Gerson também. Ele morando em São Paulo e eu vivendo no Rio de Janeiro. A vida estava bem organizada assim, eu estava feliz com as minhas escolhas e o Gersinho com as escolhas dele, mas a distância estava nos matando. Um ano se passou. Até que ficou insustentável.

CAPÍTULO 3

Encarei a batalha de frente

A saudade era imensa. Sem contar, é claro, o desgaste das viagens, os gastos de manter duas casas... fazer e desfazer mala toda hora, e viver na expectativa do fim de semana. O trabalho do Gerson em São Paulo começou a dar muito certo e, então, mais uma vez, eu o escolhi e me mudei. E fiquei ao lado dele. Deixei a vida no Rio de Janeiro e me mudei pra São Paulo, onde tive de me reinventar mais uma vez. Mal sabia eu que era apenas o começo de tantas fases e que eu ainda me reinventaria muitas outras vezes.

Fiz as malas e avisei-o que estava de partida do Rio e que, juntos, escolheríamos um lugar para viver. Estávamos radiantes de tanta alegria. O Gerson, então, nem se fala.

Cheguei a São Paulo e, para a minha surpresa, o Gersinho já tinha encontrado um apartamento: *"amor, tenho certeza que você vai amar o apartamento que eu encontrei, ele é a sua cara."* Dito e feito, eu não só amei como quis me mudar na hora, no mesmo instante. Por sorte, ele já tinha alugado e cuidado de tudo. Ele era mesmo incrível!

E foi assim, num apartamento perfeito e com a nossa cara, que a nossa vida em São Paulo começou. Ou, melhor dizendo, que a nossa vida sob o mesmo teto, como um casal, recomeçou. A felicidade era constante nessa nossa nova fase: juntos, cada um fazendo o que amava.

Até que uma nova batalha começou a se apresentar na nossa vida.

O início de tudo

Nada acontece por acaso. Se, antes, eu já acreditava nisso, a minha história com o Gerson me fez ter certeza de que o acaso não existe. Pouco depois da minha chegada a São Paulo, o Gerson começou a sentir muito mal-estar respiratório. A sensação que a gente tinha é que ele vivia resfriado, gripado ou com algum tipo de alergia que não se resolvia. Quem via de fora podia até pensar que ele não se cuidava, mas quem o conhecia sabia que algo mais sério podia estar acontecendo.

Aos poucos, as tosses foram se intensificando. Ele se cansava com pouquíssimo esforço, até que começou a ter muita dificuldade para respirar. Foi nesse momento que começamos uma saga gigantesca atrás de um médico para tratar o Gerson. Nós morávamos em Barueri, Alphaville, na época, e nos concentrávamos em procurar médicos por ali, em São Paulo. Mas não foram poucas as vezes em que, ao ouvirem o histórico do Gerson, os médicos afirmavam que não tinham condições para dar início a qualquer tratamento.

Para complicar, toda a equipe que tinha cuidado do Gerson ao longo de todo o tratamento para combater a leucemia e realizar o transplante de medula estava no Rio de Janeiro. E, falando da medula, como você já deve imaginar, a essa altura, isso não se resolvia com qualquer ligação ou, para usar um termo comum e atual, com uma teleconsulta. O caso dele exigia exames, olho no olho e análise clínica. Então, a colaboração da equipe médica que estava no Rio seguiu mais a linha de apoiar e recomendar médicos em São Paulo que qualquer outra coisa — e isso já foi muito.

O tempo passava e a vida seguia como podia seguir. Com as questões respiratórias ficando cada vez mais graves, o Gerson passou a dormir com o apoio de um cilindro de oxigênio, que ficava ligado na tomada o tempo todo. A tosse era tanta que chegamos a afirmar que ele estava sempre com pneumonia, mesmo não tendo certeza se era isso mesmo.

Começamos a nos preocupar cada vez mais. A tosse não passava e, ao contrário, ficava cada vez mais forte e frequente. Até que chegou um momento em que ele teve de começar a usar o oxigênio 24 horas por dia. Isso só foi possível porque tivemos condições de importar um cilindro de oxigênio portátil dos Estados Unidos — que, na época, custava cerca de quinze mil reais. O Gerson se adaptou como pôde e ia se organizando para viver da melhor forma possível, fazendo o que o mantinha vivo: trabalhar, compartilhar a vida comigo, com os amigos e a família.

> O SER HUMANO É CAPAZ DE SE ADAPTAR ÀS MAIS DIFÍCEIS E COMPLICADAS SITUAÇÕES. NÃO DEIXE DE ACREDITAR EM SI MESMO.

Ao mesmo tempo que eu acompanhava todas as adaptações que o Gerson encontrava para tornar a vida dele — e a nossa — melhor, nada tirava da minha cabeça que o que estava causando todo aquele mal-estar, a tosse e as pneumonias era o nosso apartamento. Alphaville é um lugar frio e, para piorar, a nossa casa recebia pouquíssima luz solar. Naturalmente, nossa casa era gelada.

Saí em busca de uma adaptação e encontrei um apartamento que recebia luz solar direto e em abundância. Convenci o Gerson de que a mudança era o melhor caminho mas, para a minha frustração, trocar de casa só serviu para recarregar as nossas energias e colocar a vida em movimento, porque a tosse do Gersinho não parava de jeito nenhum.

Nessa fase, ele já estava dormindo meio sentado. Acredito eu que, deitado, ficava muito mais difícil para respirar. E eu, consequentemente, também dormia muito mal. Eu tinha medo de me deixar levar num sono pesado e não estar ali, caso alguma coisa acontecesse com ele. Era como se eu soubesse o que viria pela frente. E, assim, numa noite, no meio da madrugada, ele me chamou, meio dormindo, pedindo que eu o levasse ao hospital, porque a saturação dele estava muito baixa.

Sem pensar muito, vesti a primeira roupa que vi pela frente e corremos para o hospital. Mais um sinal de que o acaso, de fato, não existe. Pouco tempo antes de tudo isso acontecer, eu não sabia nem ligar um carro, mas tinha tirado carta e, nessa noite, eu dirigi o mais rápido que pude, para chegar antes que algo pior acontecesse.

Essa foi a primeira vez que o Gerson ficou internado numa UTI e foi a primeira vez que eu tive de responder por ele — e por mim — sobre questões que nunca passam pela nossa cabeça quando a vida está fluindo bem. Imagine o choque que é ter de decidir pela pessoa como ela gostaria de fazer a passagem dela, se é religiosa ou não, se é doadora de órgãos ou não?

Naqueles minutos, eu percebi que não estava preparada para pensar nisso e que eu precisava me fortalecer. Fiquei tão atordoada que bati o carro no caminho de volta para casa. Eu não sei dizer o que aconteceu, ou como aconteceu. Só sei que acordei bem, com as duas portas do carro abertas. Intacta.

Ainda havia a batalha a ser enfrentada pela manhã: ligar para a família do Gerson e contar que ele estava na UTI.

Aquela foi a primeira noite.

> **A VIDA É UM SOPRO, MAS A GENTE SÓ ENTENDE ISSO QUANDO SE DEPARA COM O RISCO DA MORTE.**

Não me lembro ao certo, mas o Gerson ficou cerca de quinze dias internado, para fazer todos os exames e verificar o que estava acontecendo com ele. Saímos do hospital de Barueri com uma resposta inconclusiva e foi aí que começou uma nova batalha para encontrar um médico que topasse fazer o tratamento dele.

Buscamos por médicos do convênio e conseguimos agendar uma consulta no Hospital Samaritano, em São Paulo, com o pneumologista. Ao ver a reação dele à nossa chegada, percebi que, finalmente, havíamos encontrado alguém que se dedicaria a investigar o que estava acontecendo: *eu vou te ajudar, rapaz!*, essas foram as palavras dele.

O médico pediu mais uma bateria de exames e foi a partir desses resultados que descobrimos que o Gerson estava com uma tuberculose. Depois que ele foi isolado e que todos os que tiveram contato com ele foram examinados, deu-se início ao tratamento. Como ele reagiu bem, logo teve alta e voltamos para casa. Foi um grande alívio!

Nesse ano, chegamos até a fazer uma viagem. Fomos passar o Ano-Novo na Disney e essa viagem foi perfeita de maravilhosa! Eu me lembro do Gerson, feliz, querendo se mudar pra lá e dizendo que lá ele se sentia bem, conseguia respirar e conseguia andar, se movimentar. E, de fato, ele nem parecia ter problemas respiratórios, de tão bem que estava.

Não nos mudamos, porém. E a volta pra São Paulo reservou mais algumas surpresas.

A tosse tinha voltado e não passava, o mal-estar respiratório não diminuía. Decidimos retornar ao médico, para investigar o que estava acontecendo. Mais exames, mais antibióticos. Nesse meio-tempo, seríamos padrinhos de um casamento no Rio de Janeiro.

Contra a minha vontade, porque eu temia pela saúde dele, fomos à festa. E tudo o que poderia acontecer aconteceu. O Gerson não conseguiu entrar na igreja, eu me descontrolei e briguei com ele — e até com a noiva. Eu não queria estar ali e sabia que ele não tinha condições físicas de estar ali. Nossa noite terminou num McDonald's com mais um pouco de discussão e pedidos de perdão do Gerson. Ele se culpava por ter se desgastado, mas, ao mesmo tempo, não queria deixar de viver. Hoje, olhando para trás, eu o entendo e não o culpo (nunca o culpei), mas, no calor do momento, eu só pensava em protegê-lo, em deixá-lo bem e, no meio de tanta gente, eu sabia que ele não estaria bem.

Fui embora do Rio e voltei pra São Paulo. Ele ficou para realizar alguns exames no INCA, onde tinha feito todo o primeiro tratamento. E, então, descobrimos o que ele tinha: doença do hospedeiro, um tipo de complicação que pode acontecer com alguém transplantado. A doença retornou e se alojou no pulmão dele. Por isso, a sensação de gripe, tosse e pneumonia. Foi quando me dei conta de que a batalha seria longa.

O Gerson voltou para São Paulo, fizemos as pazes e saímos para jantar. Na segunda-feira seguinte, essa trama seguiria um rumo diferente e nenhum de nós poderia imaginar o caminho que estava para começar.

Nossa vida no hospital

Naquele dia, eu não quis acompanhar o Gerson no hospital. Algo no meu coração estava inquieto e eu não queria que ele fizesse aquele exame. Tinha a sensação de que alguma coisa ia dar errado. Ele me mandou um áudio para contar que seria anestesiado e que só voltaria depois de algumas horas. A mensagem chegou às cinco da tarde. *Gerson, não faz esse exame!* foi a minha resposta. Por volta das 23 horas, me ligaram para contar que alguma coisa estava errada e que o Gersinho não tinha acordado ainda. Saí de casa no mesmo minuto e, até hoje, não sei dizer como foi o trajeto de Alphaville ao Hospital Samaritano, em São Paulo.

Eu só pensava que o Gerson tinha que acordar. A gente ainda tinha muita coisa pra conversar e muito para viver. Ele tinha que voltar.

Daquele dia em diante, nossa vida se concentrou no hospital. O Gerson não voltava da anestesia, estava na UTI, entubado, e os médicos às voltas para tentar entender o que estava acontecendo e como poderiam solucionar o caso dele. Ninguém sabia explicar muito bem o que acontecia e o tempo ia passando.

Eu fiquei quarenta dias seguidos sem aparecer no trabalho. Praticamente me mudei para o hospital. Se o Gersinho acordasse, eu tinha que estar ali.

Todos os dias, eu só orava e pedia a Deus que fizesse o Gersinho acordar.

Até que, num determinado momento, ele se agitou demais e, ainda sem retomar todos os sentidos, pediu papel e caneta e me escreveu: *colocaram mais anestesia no meu exame, eu ouvi alguém falando.*

Eu não sei dizer se ele estava delirando ou não, se isso realmente aconteceu ou não, mas o fato é que ele acordava momentaneamente e voltava a ficar inconsciente.

Seguimos os dias como era possível, e eu só tentava acalmar meu coração para lidar com aquele pesadelo.

Depois de quarenta dias, ele acordou. E, assim como eu queria, eu estava ali, ao lado dele. Ao acordar, a primeira pergunta que ele fez foi: o que tinha acontecido com o avião que desaparecera dias antes de ele fazer o exame, sem deixar rastro nenhum? Acredita? Ele estava falando sobre o desaparecimento do Malaysia Airlines 370, que faria a rota Kuala Lumpur, na Malásia, a Pequim, na China — e que desapareceu em 2014.

Além disso, ele estava irritadíssimo por eu ter deixado que ele fizesse a traqueostomia: *Nathália, por que você me deixou fazer isso?* Não quis discutir e não me lembro da resposta, mas era o que tinha de ser feito para ele conseguir sair do coma e seguir o tratamento.

A essa internação o que se seguiu foi um período longo de um ano e quarenta dias. O Gerson acordou, mas nunca mais saiu do hospital. Eu ainda não sabia, mas, para a minha tristeza, o Gersinho só sairia dali, do Samaritano, para ser velado e enterrado.

Organizei a minha vida toda para ficar ao lado dele o máximo que pudesse, trabalhava do hospital, com o notebook, entrava mais cedo no trabalho, voltava para o hospital e dormia em casa. Orava o tempo todo com minha família, amigos e, principalmente, com o Gersinho. A vida era ali, ao lado dele.

Eu tinha fé de que ele resistiria a mais essa batalha e que a nossa vida voltaria a ter o fluxo que havíamos programado. Planejávamos ter filhos, um futuro todo pela frente. E o Gerson, a mesma coisa. Nos momentos em que ele acordava e retomava a consciência, conversávamos e planejávamos o que viria. Talvez, inconscientemente, na nossa cabeça, ele continuaria vivo se tivéssemos planos, para que pudéssemos realizá-los.

SÓ HÁ UMA CERTEZA NA VIDA: A DE NÃO TERMOS CONTROLE SOBRE NADA.

Passar tanto tempo assim, num hospital, te obriga, de certo modo, a organizar a vida e a rotina para que as coisas continuem fazendo um pouco de sentido. E eu não sei exatamente como explicar (só agradecer), mas, naquele momento mais difícil da minha vida, eu me vi cercada por pessoas que me deram todo o suporte necessário para enfrentar essa guerra — a começar pelas pessoas do meu trabalho. Eu não deixei de trabalhar em nenhum momento, mesmo realizando tudo num ritmo completamente diferente. Minha família, os médicos, as enfermeiras e os amigos, todos os que acompanharam a nossa luta foram a nossa força para seguir.

E tudo aconteceu. A vida segue, né? O Gerson também se organizou como pôde e chegou a trabalhar nos momentos em que retomava a lucidez. Passamos Natal, Ano-Novo, Copa do Mundo e outras datas especiais no hospital e não deixamos de festejar nada. A vida que tínhamos era aquela ali, entre UTI e semi-intensiva, e cabia a nós torná-la mais leve. Era possível sempre? Claro que não. Teve muita discussão entre a gente, entre os médicos. Eu virei um fiapo de gente. Mas todos estavam ali, fazendo o possível para sair de lá, com vida e com saúde, para começar outra história.

Com o passar do tempo, os médicos já não sabiam mesmo encontrar explicações científicas para esclarecer o caso do Gerson. Ele se mantinha vivo, mas não havia nada de concreto que impedisse ou viabilizasse a sua tão desejada melhora. Aparentemente, o caso só seria resolvido com um transplante de pulmão, recurso para o qual o Gerson não foi qualificado, quando tentamos — mas ele morreu sem saber disso.

Ao longo do tempo, a esperança era o que nos movia. E a fé também. O Gerson, por exemplo, sonhava com a nossa volta ao Rio de Janeiro; ele queria me ver feliz de todas as formas e, para ele, no Rio tudo aconteceria melhor, porque se lembrava de que eu não queria ter saído de lá.

Mas a verdade é que só *eu* sairia do hospital com vida. Os médicos, em algum momento não muito claro para mim, começaram a perceber essa possibilidade, e a minha ligação com ele despertou preocupação. Como eu ficaria com esse rompimento? Eu precisava de apoio para me preparar para um possível luto. A gente nunca pensa, nem no pior momento de saúde, que a pessoa que amamos pode não estar mais entre nós. A gente nem sequer conversa a respeito dessas questões. Por que falar da morte, se há tanto para ser vivido?

Bom, eu estava no hospital, acompanhando o meu marido, que tendia a piorar (e não melhorar) e, por isso, esse assunto começou a rondar o nosso dia a dia. Não me esqueço do que um médico falou, certo dia, e que me deixou arrasada: *"Nathália, você e o Gerson estão sempre de mãos dadas, mas, a qualquer momento, essa linha pode ser rompida. Você tem quarenta, cinquenta anos pela frente, e a conta do Gerson é inversa, de dias a menos"*. Na hora, eu fiquei irritada, briguei, não queria de jeito nenhum olhar para a situação daquela forma.

Mas segui com as sessões de terapia e, talvez, tenha sido aí o início da minha jornada para dentro de mim. O que fica de nós quando partimos? O Gerson me fez pensar sobre isso, olhar para mim, para quem eu sou, e também para o que eu quero deixar aqui, depois que tudo acabar.

O fim de tudo

Depois de tanto tempo, tantos tratamentos e tantas batalhas vencidas, o Gerson começou a dar sinais de que não aguentaria mais. O corpo, mais do que a cabeça, mostrava cansaço e já não respondia aos medicamentos como antes. O pulmão estava cada vez mais enrijecido, e o gás carbônico, cada vez mais alto.

E eu só comecei a perceber os sinais de cansaço quando ele começou a querer ficar sozinho com as pessoas. Antes, eu ficava por perto, porque era uma intérprete para ele, traduzindo o que ele dizia. Mas, no fim, as conversas individuais longas e seguidas de choro, de alguma maneira, me fizeram entender: ele sabia que estava partindo. Sabia que havia chegado o tempo dele.

Comigo, as conversas foram muitas. Burocracias, assuntos do dia a dia e questões com a empresa dele; mas também assuntos bonitos: o nosso amor, a nossa história, o começo de tudo, o nosso casamento, a nossa vida no Rio de Janeiro e em São Paulo e o desejo de continuar, de ter filhos e de seguir com os nossos planos. Ele me fez a promessa de que eu nunca ficaria sozinha.

Em um fim de semana de Páscoa, Gersinho conversou comigo, dormiu e deixou de responder aos medicamentos. Dali em diante, era apenas questão de tempo. Ele partiria ou entraria em coma, sem recobrar os sentidos.

Eu só orava para que ele ficasse tranquilo e que Deus fizesse o melhor para ele, naquele momento. O Gersinho não seria feliz se vivesse sem consciência e sem a capacidade de produzir algo no trabalho e na vida. Essa foi a nossa última conversa. E também foi a última vez que eu vi o Gerson. Eu não quis vê-lo de outra forma que não fosse sorrindo pra mim e me dizendo: "*Fofinha (era assim que ele me chamava), você não ficará sozinha.*"

O velório e o enterro reuniram tanta gente, que não sei dizer quantos abraços e carinho eu recebi. De fato, ele sabia: eu não ficaria, mesmo, sozinha. E, de algum modo, ele sorria pra mim. Eu sentia. E, assim, eu decidi seguir, olhando para dentro de mim, para não me sentir sozinha, mesmo se puder contar só com a minha companhia.

CAPÍTULO 4

O reencontro comigo mesma

A primeira coisa que me veio à mente quando consegui raciocinar e entendi tudo o que tinha acontecido foi: meu Deus, o que eu vou fazer aqui, sozinha? Como eu vou seguir com a minha vida, sem o Gerson? Como vai ser de agora em diante?

Eu estava bem longe de encontrar essa resposta; perdida, sem chão. Uma tristeza muito grande tomava conta de mim e, sinceramente, eu não sabia por onde começar, o que fazer e como fazer. Não bastasse a partida do Gerson, eu também estava desempregada. Pouco antes de ele morrer, fui desligada da empresa — e foi o melhor para mim, naquele momento, porque eu estava completamente voltada para os cuidados do Gerson no hospital.

Mas e agora? Essa foi a pergunta que ficou martelando na minha cabeça ao longo de muitos dias, sem parar. Como seria a minha vida a partir de então?

Hoje, quando olho para trás e me lembro de tudo o que aconteceu, a sensação que tenho é a de que eu estava anestesiada. O sofrimento do Gersinho tinha chegado ao fim e eu tinha certeza de que ele estava bem, em paz, em um lugar maravilhoso e olhando por mim. Mas eu não sabia muito bem como agir, como viver sem ele.

A única coisa que eu tinha decidido era ficar em São Paulo. E foi essa escolha que me moveu, que me fez retomar a minha vida.

Eu queria muito ficar na cidade grande, mas sabia que só querer não era o suficiente. Toda a minha família é de Poços de Caldas. Eu estava decidida a ficar morando em São Paulo. Mas como fazer isso acontecer?

A realidade que eu tinha, diante de mim, não era nada animadora: sozinha, sem dinheiro e com muitas contas para pagar. E, para complementar, sem ninguém próximo. O cenário era desanimador, mas a vontade de fazer acontecer era maior. Então comecei, no meu tempo, a encontrar maneiras de realizar essa minha vontade.

De um lado, a minha família não entendia o meu desejo de ficar longe deles e morar em uma cidade tão grande. Do outro, o meu grande desejo de me acolher, no momento mais difícil da minha vida, e me ver feliz novamente. Em momentos duros é difícil encontrar algumas certezas e, como essa era a única certeza que eu sentia, decidi me agarrar a ela. Minha vida seguiria em São Paulo.

> **COM O TEMPO, APRENDI QUE CERTOS SONHOS E DESEJOS NÃO PRECISAM SER EXPLICADOS. ELES SÃO O QUE SÃO E TER CONSCIÊNCIA DISSO É O PASSO NÚMERO 1 PARA REALIZÁ-LOS.**

Lidando com a minha realidade, naquele momento, eu sabia que não tinha condições de pagar o aluguel do apartamento em que morávamos, nem tinha condições de me manter sem trabalho e sem nenhuma renda. Para realizar os meus novos sonhos, eu tinha de dar alguns passos para trás, me refazer. Comecei, então, a reorganizar a minha vida. Primeiro, fiz uma limpeza nas coisas que eram do Gersinho. Roupas, sapatos, objetos pessoais e afetivos. Separei tudo, vi o que podia ir para doação e o que continuaria comigo ou com a família dele.

Distribuí tudo e fiquei com boa parte da casa livre, sem as coisas dele. Esse foi o processo mais doloroso. Eu sentia um vazio imenso ao prestar atenção àquele cenário. Aos poucos, a realidade foi me tomando. Era, de fato, a despedida. Ele não voltaria, mesmo, para casa. E esse tipo de consciência dói.

Depois disso, comecei a vender os móveis, sofá, cama, TV, cadeiras. Até restar somente a mesa de jantar.

O desejo era começar outra história e, talvez, na minha cabeça, tirando os móveis do apartamento em que eu vivia com o Gerson, eu tiraria também toda a dor e a tristeza que apertavam o meu coração.

Ter ficado só com a mesa de jantar me marcou muito, num dia específico. Ao mesmo tempo que eu vendia todas essas coisas de casa, eu fazia uma série de entrevistas de emprego. No dia do aniversário do Gerson, um mês depois da morte dele, eu estava no nosso antigo apartamento, organizando o que ainda restava, e recebi uma ligação. Era o retorno de um processo seletivo — e eu tinha certeza de que tinha ido bem. Para a minha surpresa, eu tinha sido reprovada. Sem lugar para sentar, só com a mesa de jantar, na sala, me senti mais sozinha do que antes. E chorei muito. Passei o resto do dia chorando e pedindo ajuda ao Gerson, para que eu continuasse forte para seguir em frente.

Naquele momento de muita dor, decidi que seria bom passar um tempo em Poços de Caldas, ao lado da minha família. Respirei fundo. Entreguei o apartamento e fui.

A busca por me encontrar

Voltar a Poços de Caldas, a cidade em que cresci e que me fez ser quem eu era, ao lado da minha família, significou um respiro para mim. Preciso dizer que nunca mudei de ideia com relação a permanecer em São Paulo, mas eu não tinha consciência do quanto me faria bem voltar ao lugar em que cresci. Ter contato com a minha família, amigos e rede de apoio foi fundamental e sou muito grata por isso.

Foi em Poços que me recordei de sonhos antigos e que comecei, aos poucos, a realizá-los. Comecei pela neve, por exemplo. Sempre sonhei vê-la de perto, caminhar por aquelas nuvens brancas, mas sabia que o Gerson não podia passar por isso, expondo-se a um ambiente tão frio. A condição respiratória dele não era adequada e ele não se sentiria bem, então eu meio que deixava esse sonho guardado dentro de uma gaveta. Eu queria realizá-lo, claro, mas não sozinha. E, sem ele, dificilmente, eu iria.

Com a partida dele e essa fase necessária de respiro, esse sonho veio à tona. Por que não fazer algo por mim, algo que eu tanto queria? Comecei a me dar conta de que eu precisava viver. Afinal, eu já havia testemunhado que a vida pode ser curta demais.

Então, fiz o que queria. Minha mãe e a Ivânia toparam embarcar nesse sonho comigo e fomos juntas para Bariloche. Foi uma das melhores viagens que fiz na vida, não só porque vi a neve pela primeira vez e porque o lugar é lindo e a companhia agradava, mas foi porque eu começava a sentir que era possível reencontrar motivos para sorrir de novo, que eu conseguiria ser feliz, ainda que em pequenos momentos.

> **DAR PEQUENOS PASSOS É ALIMENTAR A CORAGEM E FAZER A MENTE ENTENDER QUE SOMOS CAPAZES DE REALIZAR O QUE QUEREMOS.**

A viagem para Bariloche me fez entender que eu precisava mesmo desse tempo para mim e, mais do que isso, que eu precisava ser cuidada e acolhida pelas pessoas que me amavam. Depois de tanto tempo no hospital, acompanhando a doença do Gerson, essa foi uma das primeiras vezes em que me permiti estar num lugar onde eu queria estar, com as pessoas que eu queria estar e me sentindo bem com isso. Sem culpa.

Na volta a Poços, a busca por emprego seguia. E eu mantinha o foco em São Paulo, deixando o endereço e contato local, é claro. Perdi a conta de quantas vezes cheguei a sair de Poços de Caldas e seguir até São Paulo para fazer entrevistas de emprego. E, nesse meio-tempo, outra oportunidade de viagem surgiu. Meu irmão me convidou para viajar e também decidiu levar a minha avó.

Minha avó sentiu muito a morte do Gerson. Ela esteve ao meu lado o tempo todo, me acompanhou no hospital diversas vezes e, com a partida dele, a sensação que tinha é de que ela sentia como se tivesse perdido um neto. Por isso, acredito que ela também precisava de um tempo para ela, para digerir tudo o que havíamos vivido e acolher os sentimentos.

Decidimos ir para os Estados Unidos. Dessa vez, para realizar um dos sonhos do Gerson — que havia se tornado meu também. Desde que ele recebera a doação da medula, ele desejava encontrar a Maria, doadora dele, para agradecer. Nós mantivemos contato e ela chegou a verbalizar que, se fosse preciso, doaria outra vez. Isso enchia o coração do Gersinho de alegria, que dizia: *"diga a ela que vamos agradecê-la, um dia."* Esse dia, para ele, não chegou; mas, para mim, não poderia ficar para trás. E fomos. Foi um encontro emocionante, que me fez entender o poder da gratidão. E isso faria diferença na minha vida toda, a partir dali.

Você já conseguiu visualizar o poder que é ser grato por tudo?

Ser grata

A viagem aos Estados Unidos foi um divisor de águas para a história que eu começaria a contar a partir de então, sem o Gerson. Eu realizei um sonho dele, mas também tive contato com a energia do que é agradecer por tudo o que acontece com a gente, com a nossa vida.

Na minha volta ao Brasil, voltei ao hospital em que tinha passado tanto tempo. Agradeci aos médicos e a todas as pessoas que acompanharam o Gerson durante todo o período que ele precisou de acompanhamento. E isso mudou completamente o meu sentimento com relação a tudo o que precisei encarar.

Eu entendi que tudo aconteceu como tinha de acontecer. O Gersinho podia, sim, viver mais; é claro que podia, ele era muito novo. Mas a verdade é que ele não tinha mais condições, não tinha mais saúde. Tudo o que estava ao alcance dos médicos foi feito. E entender isso, agradecer por essa dedicação humana, ressignificou o meu sentimento e abriu um novo capítulo na minha vida.

Eu também agradeci aos amigos do Gerson, aos sócios dele, na empresa, por tudo o que fizeram por ele e por mim. Pelo apoio que me deram — emocional e profissional. Eles foram fundamentais no processo da minha recolocação profissional e me apoiaram para que eu seguisse em frente e reconstruísse a minha vida.

Ser grata é, de fato, transformador. Eu estava nesse momento de agradecer por tudo o que tinha vivido e pela maneira como tudo tinha acontecido. Então, logo após a minha chegada ao Brasil, passei num processo seletivo da Cielo.

Deveria ter ouvido minha avó, que sempre dizia que, quando eu relaxasse, as coisas começariam a acontecer, e que Deus me ajudaria a encontrar o meu caminho.

E, de fato, assim foi.

É preciso seguir

Com a nova recolocação profissional, eu, finalmente, voltei a viver em São Paulo e passei a seguir com as minhas escolhas e a colocar a minha vida para andar — ainda que continuasse bastante difícil. Lembro-me, ainda hoje, de como consegui um novo apartamento para voltar a morar em São Paulo.

É uma história engraçada: quando cheguei para visitar o lugar, tinha acabado a energia elétrica, estava escuro e eu quase não vi o apartamento direito. O dono me mostrou tudo à luz de velas! Mesmo assim, deu pra ver que estava novinho e o melhor de tudo: mobiliado. Era exatamente do jeito que eu queria e precisava; afinal, eu tinha vendido todas as minhas coisas. E deu certo. O dono topou um fiador do interior e tudo parecia voltar a caminhar.

Minha vida parecia ter começado de novo. E, embora eu estivesse muito mal, ainda, muito triste mesmo, eu segui trabalhando. Comecei a fazer terapia e a me dedicar ao trabalho, completamente. Eu saía de casa para trabalhar e voltava à noite, para dormir. Eu ainda não tinha vontade de sair, e não tinha clima para me divertir. Questionava o tempo todo, na terapia, sobre o que eu podia ou não podia fazer. A pergunta que, vez ou outra, rondava os meus pensamentos (com mais frequência do que eu gosto de admitir) era: será que eu mereço seguir em frente?

Foi assim por um bom tempo. Eu não conseguia — e não queria — ficar sozinha, para não dar espaço para esse tipo de pensamento. Então, chegava a trabalhar de doze a quinze horas por dia. Aos finais de semana, eu ia até Poços ou ia para o Rio. Quando eu ficava em São Paulo, acabava indo ao shopping e comprava muito.

Embora eu estivesse praticando o sentimento de gratidão, e estivesse acolhendo a minha tristeza, passar por tudo isso não era nada fácil. Racionalmente, eu sabia que tinha de seguir em frente, que a minha vida continuava e que eu tinha, ainda — e tenho — muito tempo de vida pela frente, mas como fazer com que o meu coração também entendesse isso? Como fazer a cabeça não voltar a colocar, como certos, o isolamento e a tristeza completa, o luto?

Foi difícil. E foi preciso muita terapia além do apoio dos amigos e da família para que eu conseguisse seguir em frente. O trabalho era, sim, uma válvula de escape, assim como as compras. Se você foca outra coisa, não olha tanto pra si, para os seus sentimentos. Eu só pensava em como eu tinha que seguir, tinha que continuar em frente.

NEM SEMPRE É FÁCIL, MAS É PRECISO SEGUIR EM FRENTE, APESAR DE TUDO.

Nessa fase, comecei — meio sem perceber — a fazer tudo por mim. Minha vontade, meu desejo, meus sonhos e minhas escolhas começaram a estar em primeiro lugar. Eu decidia. Eu fazia. Eu, por mim e para mim. Durante aquele período, meus amigos e a minha família foram fundamentais para me manter em pé e com saúde mental, e eu sou grata por isso. Mas a caminhada de redescoberta e de reencontro comigo mesma estava apenas começando. E só eu poderia trilhar aquele caminho.

A reconexão comigo mesma dependia de mim, do meu tempo e das minhas decisões. E perceber isso foi absolutamente maravilhoso e poderoso. Acredito que eu, e todos nós, ainda tenhamos um longo caminho pela frente, mas foi em minha companhia, no momento mais difícil da minha vida, que percebi do que eu era capaz. Reconheci todo o poder que tinha. Finalmente compreendi que, sim, eu poderia seguir em frente, se eu quisesse. E eu queria.

Eu e a minha melhor companhia: eu mesma

Durante o período de luto, muitas vezes, eu escolhia fugir da minha história. Não por ter vergonha, era um medo do que as pessoas achariam. Eu tinha na minha cabeça uma versão do que as pessoas pensariam mim: *é uma coitada, como pode ser viúva aos vinte e nove anos?* Sendo assim, eu omitia ou simplificava, dizendo que era solteira — e ponto. Era mais fácil e menos dolorido, também. Mas todas as vezes que tive (e que tenho) que contar a minha história, em detalhes, é dolorido, porque acabo voltando a sentimentos de perda e sofrimento. É claro que eu não planejei ficar viúva tão nova e, muito menos, desejei ver o Gersinho tão doente. Se eu pudesse mudar os fatos que vivi, certamente essas experiências entrariam na minha lista de mudanças.

Mas a verdade é que as coisas são como são, e eu escolhi fazer, do limão, uma limonada bem docinha. E fui seguindo, me respeitando, e entendendo os meus limites e os meus desejos. Acolhendo a minha tristeza e os meus medos e angústias. Claro, com muita terapia e o contato com bons amigos. Passei a ir à praia mais vezes, a encontrar os amigos, a receber amigos em casa e a reconhecer o que eu gostava de fazer. E o melhor: perceber como é bom estar na minha companhia. Sinto que, muitas vezes, nós seguimos no piloto automático, sem pensar sobre o que realmente gostamos ou sobre o que fazemos pelos outros. Já se sentiu assim?

É claro que nem sempre eu conseguia afastar os sentimentos de dúvida ou tristeza. Nem sempre eu consegui afastar a raiva e a ansiedade pelo que viria pela frente. Eu, aos trinta anos, me vi tendo de reaprender a viver. Entretanto, pouco tempo antes, planejava ser mãe. Como lidar com isso? Como era possível dar espaço e acolher essa mulher? Tive de aprender. Tive de me conhecer, mesmo quando eu não queria.

O processo foi da maneira como tinha de ser. No meu tempo. A decisão de morar sozinha em São Paulo foi o início de tudo. Sozinha, em casa, eu tinha que me adaptar a essa realidade e decidir como seguir. Comecei a reencontrar amigos antigos e, aos poucos, a me abrir para novas amizades.

Em alguns momentos, eu me questionava: de onde tiro forças para continuar em frente? De onde vem esse desejo de seguir a minha vida?

E entendi, com uma amiga querida que fiz no hospital, durante a internação do Gersinho, que a força está dentro de nós. A nossa força se constrói a cada fase da vida e é essa força que me move, que me faz seguir. Entendi, com ela, também, que, na dúvida, basta seguir o coração. Se o coração disser *vá em frente*, esse é o sinal necessário para continuar — e, se preciso, insistir.

Com o coração tranquilo e acreditando na minha força e nos meus sonhos, eu estou aqui. E é por isso, também, que resolvi compartilhar a minha história com você.

CAPÍTULO 5

Escolhi viver

O meu coração só tinha certeza de uma coisa: viver. E eu decidi seguir o que ele dizia. Desde a partida do Gerson, meu coração passou a guiar minhas escolhas: por mim, pela minha vida, por realizar meus desejos. A qualquer dúvida, eu respirava fundo, tentava me acalmar, acolher os meus sentimentos, respeitar o meu tempo e dar espaço para o meu coração se manifestar. E, desde então, tenho me encontrado, tenho percebido as razões que me fazem feliz.

 O tempo continuou passando e eu continuei me escolhendo. Continuei me respeitando e segui me colocando em primeiro lugar. Já não era mais aquela Nathália que priorizava sempre a escolha do outro.

 E, por mais estranho que possa parecer, eu tinha algumas definições preestabelecidas. A começar pela ideia de que eu só recomeçaria a viver depois que a morte do Gerson completasse um ano. Isso mesmo. Foi esse o prazo que me dei. Para mim, eu só estaria pronta para começar a viver depois disso. Também coloquei na cabeça que, depois de um ano, eu também pararia com a terapia, me daria alta e seguiria em frente.

Não sei dizer por quais motivos eu defini esse prazo. Mas sentia que era mais fácil colocar uma data-limite para que a sensação de paralisação não perdurasse para sempre. Hoje, ao olhar para trás, sei que estava redondamente enganada. Em primeiro lugar, porque não há isso de certo e errado, tempo curto e tempo longo. A verdade é que a gente nunca sabe quanto tempo é preciso para curar uma dor tão grande. E, em segundo lugar, porque descobri — com a terapia retomada — que eu não deixei de viver nem um segundo sequer e isso significa dizer que passar pela dor, pelo sofrimento e pelas dúvidas todas também é parte do processo da vida.

A certeza que tenho hoje é de que as coisas passam, o tempo muda tudo, e a gente segue fazendo o que tem de ser feito. A sensação de que damos uma pausa é somente isto: uma ilusão.

Pois bem, seguindo com os fatos, o tal aniversário de morte do Gerson chegou. E, com ele, a minha ansiedade. Fantasiei que essa data me traria algum tipo de libertação, mas o que aconteceu não foi nada disso. Posso dizer que essa data marcou uma nova dor. Talvez, de fato, nesse dia, a minha ficha de que ele tinha mesmo morrido e que não voltaria a estar comigo tenha caído. Acho, até, que criei a ideia de que eu voltaria a viver depois de um ano (e encerraria a minha terapia), como um modo de dizer, a mim mesma, que ficaria tudo bem — e que ele voltaria.

Perder alguém que a gente ama tanto nos faz criar caminhos que nos levam à cura, mas nem sempre a linha é reta. E a tristeza e a dor passam a ser nossa companhia e, na verdade, à medida que o tempo passa, nos damos conta de que a pessoa, o corpo físico dela se foi, mas que ela continua para sempre no nosso coração.

Ainda assim, depois de um ano, a minha ideia de que eu voltaria a viver entrou em prática. De certo modo... Eu realmente me dei alta da terapia. Na minha lógica, a partir daquele momento, eu passaria a olhar para mim e, então, não precisava mais de terapia. Ledo engano. Mas, enfim, era o que eu pensava. E, assim, segui a minha vida.

> A GENTE NUNCA DEIXA DE VIVER, POR MAIS DIFÍCIL QUE PAREÇA A VIDA; A GENTE SEGUE, FAZENDO O QUE PODE SER FEITO. E FAZ. E, ENTÃO, VIVE.

Aberta a novas possibilidades

Completei um ano do meu estado civil "viúva". Um ano completo no qual eu não tinha um parceiro para estar comigo na saúde, na doença, na pobreza e na riqueza. Um ano com medo de ficar sozinha e não ter com quem contar ou com quem passar a minha velhice. E isso me deixava angustiada e ansiosa.

Naquele primeiro aniversário, na minha cabeça, imaginei que poderia ser o início da minha caminhada para encontrar alguém, para não estar mais sozinha. Pode parecer que eu estava ansiosa para namorar, mas não era nada disso. Eu estava aflita para encontrar uma companhia, alguém para estar comigo.

E nesse desejo de me reconectar com alguém e me abrir para o mundo, comecei a me abrir para novas possibilidades, reencontrar velhos amigos que estavam solteiros e a sair mais de casa. Eu só me permiti me divertir depois desse ano de morte, e, então, comecei a abrir espaço para o novo: fui a shows, viagens, passeios e conheci muita gente. Até nos aplicativos de relacionamento eu me cadastrei.

Pode-se dizer que, aos trinta anos, eu me tornei uma adolescente novamente. Afinal, tudo para mim era novo, tive de reaprender até a flertar e a paquerar. Era quase como se eu estivesse numa viagem de reencontro com a *Nathália de Poços de Caldas* que conheceu o Gerson naquele condomínio do Rio de Janeiro. Só que, dessa vez, a Nathália era adulta, não tinha horário para chegar em casa e já tinha vivido muita coisa no amor e na doença. Essa Nathália estava à procura de amor, de amizade, de diversão e tranquilidade. E tudo, tudo era novidade. E eu estava disposta a viver tudo isso.

E vivi.

Tenho muito para contar. Acho que a gente perde o jeito de paquerar quando passa um tempo com alguém e o processo de (re)aprendizado foi uma das melhores fases da minha vida.

> **ACIMA DE TUDO, EU PASSEI A ME AMAR E A ME COLOCAR EM PRIMEIRO LUGAR. E ISSO FOI O MELHOR DESSA FASE.**

A verdade é que os aplicativos de relacionamento funcionavam como um passatempo, para mim. Cheguei a encontrar apenas um cara pessoalmente e foi a pior coisa que eu podia ter feito. Lembro que ele me disse uma coisa que me marcou muito: *"eu acho que não consigo me envolver com você, porque você já foi casada, já viveu e já sabe o que é construir uma família."* Essa frase ficou ecoando na minha cabeça e eu cheguei a acreditar nela, a ter certeza de que eu não tinha mesmo mais o direito de ser feliz de novo e de encontrar alguém para formar uma nova família.

E foi com essa afirmação que eu segui nos aplicativos e toquei minha vida adiante, reaprendendo a paquerar, saindo para encontrar os amigos, mas afastando todas as ideias de que eu seria feliz de novo de verdade. Que falta a terapia fazia nessa época! Conheci gente que estava noiva e estava no Tinder, encontrei gente do trabalho no aplicativo e me diverti muito com as conversas que tinha com as pessoas ali. No fundo, eu contava para mim: estou me divertindo e isso é o que importa.

Até que surgiu a oportunidade de viajar para assistir aos Jogos Olímpicos e eu mal podia imaginar que a decisão de ir ao Rio de Janeiro mudaria a minha vida mais uma vez.

E fui.

Conhecendo o Manú

A convite de um amigo de infância, o João — da época em que ia a acampamentos da igreja —, fui ao Rio de Janeiro, para assistir aos Jogos Olímpicos. Decidimos ir de carro. Eu fui de última hora e ia aproveitar a viagem para ver a minha avó Elci, que estava morando lá. Fomos eu e mais dois amigos do João, o Britto e o Emanuel.

Fomos de carro, saindo de Campinas. O Emanuel foi o último a entrar no carro. Passamos, de madrugada, na casa dele. Parados na rua, era um tal de chama, chama, chama — e nada de ele aparecer. Depois de um tempo, ele surgiu, desculpando-se e entrando no carro rapidamente. Não tenho nenhuma explicação lógica para o que vou dizer agora, mas, logo ali, eu senti que era ele, que era com ele que eu ficaria.

Seguimos viagem, conversa vai, conversa vem… mas nada demais. Durante todo o caminho, ele pensou que eu era comprometida — o que eu só fiquei sabendo depois, é claro. Foi só numa das paradas que fizemos para comer que ele entendeu que eu era solteira.

No Rio, os meninos me deixaram na casa da minha família, que é um condomínio de praia, na Barra da Tijuca. Os três ficaram insistindo para entrar e conhecer a casa e eu não tive dúvidas na resposta:

— Ninguém vai entrar, porque eu sou viúva e minha família não está preparada para me ver com três amigos, uma vez que meu marido morreu há um ano.

Foi um silêncio total. E também uma compreensão total. O fim de semana seguiu, nós nos encontrávamos para ver os jogos e para comer, sair, curtir a praia.

Eu fui me abrindo para conhecer melhor as pessoas, e a conversa com o Manú seguia fluindo. Desde a primeira vez que o vi, senti vontade de me deixar ser conhecida também. Na volta, eu retornei de ônibus, porque queria vir direto pra São Paulo, e os três voltaram de carro.

Mas a viagem não acabou ali. Bastou um *add* no Facebook para que a conversa continuasse. No dia seguinte, na segunda mesmo, o Manú já tinha me adicionado e, na primeira mensagem que trocamos, respondi: *Oi, tá aqui meu WhatsApp, não gosto de conversar pelo Messenger.* E, de lá pra cá, estamos conversando até hoje.

Fomos para o Rio de Janeiro em outros finais de semana e o papo só melhorava. Sabe aquela sensação gostosa de querer ver a pessoa, contar sobre o seu dia e falar abertamente sobre qualquer coisa? Era esse sentimento que o Manú me despertava e eu estava feliz por senti-lo. Em mais uma ida ao Rio, ele esqueceu o casaco no meu carro. E foi desse esquecimento que veio nosso primeiro beijo, um presente em formato de coração — uma latinha linda que guardo até hoje — além de muitos jantares, almoços e comemorações.

Finalmente, eu estava me sentindo livre de novo para viver ao lado de outra pessoa e me entregar a uma nova etapa. Tudo com o Manú fluía de um jeito natural, leve. Ele também tinha vivido um relacionamento longo, de dez anos, e que tinha acabado pouco tempo antes. E eu, recém-viúva. De um jeito ou de outro, em proporções diferentes e com sentimentos diferentes, é claro, nós vivíamos algo parecido e estávamos aprendendo a viver novamente sem a pessoa que havia passado tanto tempo ao nosso lado. Era uma coisa nova — e boa.

Logo no início da relação, o Manú me levou a Campinas para conhecer a família dele. Nós começamos a nos ver mais, gostando da companhia um do outro. Até que começamos a namorar e ele foi pra Poços, para conhecer a minha família. Tudo estava acontecendo do jeito que tinha de ser. Eu estava feliz e, pela primeira vez em tanto tempo, não me sentia culpada por estar feliz. Esse era o melhor sentimento que eu estava experimentando. E me permiti viver isso.

> **SER FELIZ E SEM CULPA É O MELHOR SENTIMENTO DO MUNDO.**

Depois de oito meses de relacionamento, eu mudei de emprego e, coincidentemente, o meu trabalho era na avenida Paulista, a cinco minutos a pé da casa do Manú. Aquilo foi quase um convite para aquilo que nós dois já desejávamos sem saber: morar juntos. E fomos. Começamos uma vida a dois, sem casar, apenas vivendo juntos.

Eu estava tão segura disso, tão leve com essa decisão, que não me importei com os comentários da minha família: *você vai morar junto sem casar?!*. Eu não me importava, já que estava feliz e queria viver aquilo com o Manú. Não abri espaço para que as pessoas escolhessem meu destino. Dessa vez, depois de muitos anos, a minha vontade ficou em primeiro lugar e eu não abri margem para questionamentos. Com o tempo, todos aceitaram e abençoaram a nossa união.

Se há uma coisa que eu aprendi, ao longo desse tempo todo, é o quanto a nossa vida é efêmera. Eu estava feliz; queria viver aquilo com o Manú; não queria me casar naquele momento, de papel passado, para estar com ele; eu queria apenas estar com ele todos os dias e isso me bastava. Às vezes, fugir às formalidades e viver o que tem de ser vivido é o que vai nos fazer bem e nos deixar felizes. E mais nada.

Por outro lado, a vida a dois agora era diferente e, pela primeira vez, eu estava com alguém que ainda estava conhecendo. Tudo era novo para mim. E foi, então, que eu voltei à terapia. O desejo de me conhecer melhor, saber quem eu era e de seguir me amando fez com que eu voltasse a olhar para mim com mais cuidado e atenção. E foi a melhor coisa que eu pude fazer.

A vida a dois

Eu já tinha sido casada, já tinha vivido com a pessoa que amava e com quem imaginava estar pelo resto da vida. Assim, eu sabia que, apesar do amor e de todo o desejo de estar junto, nem sempre é fácil. O dia a dia e o convívio trazem à tona as diferenças do casal — e é natural que isso aconteça. O desafio está em aprender a lidar com isso. Aprender a entender quem você é e quem o outro é, respeitando as individualidades.

Com o Manú, eu estava entrando de cabeça num relacionamento recente. Era novidade demais. Mas fui de peito aberto. Montamos a casa como queríamos, fizemos tudo do nosso jeito. As dificuldades apareceram? Claro que sim. Brigamos? Muitas vezes e por motivos bobos, em muitos casos. Ficamos tristes um com o outro? Claro que sim. Mas fomos viver juntos, afinal de contas.

Apesar de todos os desafios e dificuldades, eu percebia cada vez mais que a minha escolha não poderia ter sido melhor. Que ouvir o meu coração, no momento em que vi o Manú pela primeira vez, foi o melhor primeiro passo que eu dei para ser quem sou hoje.

Eu nunca tive dúvidas de que o Manú era a minha escolha. E, ao mesmo tempo, sentia que ele também não. Estávamos apaixonados um pelo outro, dispostos a aprender e a encontrar o meio-termo para seguirmos juntos. E digo, feliz, que isso vem dando certo até hoje.

> COLOCAR-SE NO LUGAR
> DO OUTRO, SABER OUVIR E
> RESPEITAR AS DIFERENÇAS
> SÃO PASSOS CRUCIAIS NA
> VIDA A DOIS.

Talvez, ouso dizer, nossa principal discussão tenha sido sobre o desejo de formalizar a nossa união. O Manú achava que isso era bobeira, que nós já éramos casados, na prática, e não havia necessidade de fazer nada além disso. Para mim, era fundamental. Eu queria ter um casamento com ele, viver com ele uma experiência de casar, com cerimônia e papel passado. Queria ter essa memória.

E o assunto casamento foi rendendo, foi ganhando força até que o pedido veio. Numa viagem a Paris, o auge do romantismo: o Manú organizou tudo e me surpreendeu. A viagem era um sonho nosso, idealizamos tudo nos mínimos detalhes e eu até suspeitava que pudesse rolar um pedido, mas não contava muito com isso, já que esse não era um desejo dele.

Até que, num jantar, na Torre Eiffel, ele pediu a sobremesa e eu percebi que ele estava ansioso, mas não entendia muito bem. Veio o garçom, também meio engraçado, e deixou o prato da sobremesa e um extra. Quando abri, estava ali o anel. E ele me pediu em casamento. Nervoso, sem jeito, gaguejando. Todos ao nosso redor esperando a minha reação. Eu fiquei em choque de tão feliz e acho que demorei um pouco para responder porque, quando disse sim, todos ao nosso redor comemoraram e começaram a cantar.

Eu nem sabia, mas, a partir dali, os dias mais felizes da minha vida depois de tudo o que passei, estavam para começar. Eu já era feliz com o Manú, mas a ideia de nos casarmos me fez entender o quanto ele estava disposto a fazer por mim. Ele aceitou se casar porque era importante para mim, porque eu queria e isso me faria feliz. Perceber essas pequenas atitudes, todos os dias, me faz amá-lo ainda mais. Ele me apoia, respeita a minha história — foi o primeiro a me incentivar a falar e escrever sobre tudo o que passei — e vive comigo a nossa história, sem se deixar de lado.

Com o Manú eu sigo aprendendo a viver a dois, sigo aprendendo que ele é diferente de mim, que eu sou diferente dele e que é ótimo ser assim. E, mais do que isso, eu sigo aprendendo sobre mim, sobre estar em primeiro lugar na minha vida e seguir respeitando quem está comigo. Essa parte da minha história eu jamais pensei que conseguiria reconstruir ou viver, e eu morro de orgulho dessa Nathália que não desistiu de si mesma, que conseguiu viver o que tinha de viver e que vai continuar firme e forte diante da vida. Porque viver é maravilhoso e eu espero que, a partir do que te contei, você possa acreditar nisso também.

CAPÍTULO 6

Tenho sorrisos para lembrar

Ao me reconectar comigo mesma e me abrir para uma nova fase da minha vida eu me permiti recomeçar, sem abandonar tudo o que veio antes. Depois de um ano da morte do Gerson, finalmente eu respirava com mais leveza e com a intenção de fazer diferente.

 É importante dizer que aquele prazo de um ano, imposto por mim mesma, mentalmente, nada tem a ver com o tempo certo das coisas, na vida de todos nós. Embora tudo tenha se transformado a partir daquela data, não acredito muito nessas pre-definições a respeito do futuro. Para mim, aconteceu a partir de um ano, mas poderia não ter sido dessa maneira — assim como pode ser diferente para você. O foco é confiar e acreditar que as coisas, por mais dolorosas que sejam, passam, e a tristeza se transforma em um sentimento mais leve. Ainda que a saudade permaneça.

O convívio com o Manú, a nossa vida num único lar e toda uma nova etapa me fizeram mergulhar nesse percurso de autoconhecimento, de entendimento do que tinha acontecido comigo e de como eu lidava com tudo aquilo.

Hoje não tenho medo ou vergonha de dizer que eu só tenho sorrisos para lembrar, porque essa é a verdade. É claro, tudo o que vivi com o Gerson não foi fácil; era de cortar o coração vê-lo, tão novo, com uma vida inteirinha pela frente, no hospital. Ao mesmo tempo, esse convívio da doença, lado a lado com a morte, a ideia de que ele poderia partir e o testemunho de tantas outras perdas (afinal, eu estive na UTI por um ano) me fizeram enxergar a vida com outros olhos, bem como ressignificar muita coisa. E é isso que eu levo para mim e para quem cruza o meu caminho de agora em diante.

Todo o tratamento do Gerson foi desafiador em vários aspectos, mas o que vivemos ao longo daquele ano não se resume a tristeza, choro, frustração e raiva, como a maioria das pessoas imagina. E é por ter vivido e encarado tudo o que estava acontecendo, de um jeito tão corajoso, que eu só tenho sorrisos para lembrar. O dia a dia com o Gerson na UTI envolvia risadas, diferentes histórias dos pacientes ali do nosso lado, novidades de amigos, planos para o futuro, sonhos para realizar e, sempre que possível, muita risada de nós mesmos.

> **NEM TODOS OS SONHOS VÃO SE REALIZAR, MAS CONFIAR NO PROCESSO E ACREDITAR QUE TUDO ACONTECEU COMO DEVERIA SER TORNA A VIDA MAIS LEVE.**

É claro que foi frustrante e triste vê-lo partir tão jovem e ver tantos sonhos nossos irem embora. Nós planejávamos ter filhos, conhecer outros lugares, viajar, fazer coisas diferentes pelas pessoas. Enfim, vivíamos planejando o nosso futuro. E nada disso aconteceu. O Gersinho, infelizmente, morreu. Mas eu fiquei. E tomar consciência de quem eu era, de como eu era e do que eu ia fazer daquele dia em diante era minha responsabilidade. E é isso que eu espero que você também perceba. Ser feliz só depende de você! É uma escolha.

Eu não realizei todos os meus sonhos. Muitos foram, inclusive, impossibilitados de acontecer. Eu sonhava algumas coisas com ele, com a presença dele. E o que fazer com isso? Como reagir a essa rasteira da vida? Contei com o apoio de muita gente, amigos, familiares e suporte médico, e foi isso que me fez conseguir resistir e ir adiante, encontrando, ainda, graça e alegria na vida.

Eu não precisava mudar, eu podia continuar sendo corajosa e reconstruir a minha narrativa. E foi o que fiz.

A virada de chave

Dos muitos requisitos para me abrir para alguém e decidir compartilhar a minha vida novamente, a única coisa que não saía do topo da lista era o respeito à minha história e a tudo o que tinha vivido. Se eu encontrasse alguém, esse alguém teria de me respeitar, de me dar espaço para carregar e contar o meu drama quantas vezes fosse necessário. Isso era fundamental para mim. O Gerson tinha morrido e não estava mais aqui fisicamente, mas ele sempre permanece vivo em mim, na minha memória e no meu coração.

O encontro com o Manú foi um encontro de almas. Eu tenho certeza disso, cada vez mais. Com ele, eu nunca precisei pedir licença para falar sobre mim e sobre tudo o que vivi e, mais do que isso, eu nunca o vi incomodado com o desenrolar dos fatos. Se fosse a minha condição para eu me permitir amar de novo, ele se qualificaria muito bem, obrigada.

E, como se isso não bastasse, num belo dia (já éramos casados, inclusive), o Manú chegou em casa e me disse:

— Nath, vou organizar uma semana sobre saúde no trabalho, e preciso convidar umas pessoas para dar as palestras e falar sobre assuntos relacionados à resiliência. Você gostaria de falar para o pessoal?

Eu fiquei em choque, num primeiro momento. Será que eu dava conta? Será que eu saberia o que dizer?

Será que eu queria abrir a minha dor para mais gente? Será que eu queria entrar em contato com tudo o que vivi, novamente?

Uma série de questionamentos me vieram à cabeça, mas também veio uma sensação maravilhosa de receber esse convite da pessoa com quem eu decidi compartilhar a minha vida. Minha resposta foi:

— Não sei, preciso pensar. Você acha mesmo?

Ele, prontamente, disse que sim, que achava que eu tinha de falar o que vivi e como me reconstruí depois de tanta dor.

Isso "virou a minha chavinha". Percebi que minha história também poderia ajudar outras pessoas que passaram por momentos dolorosos. Depois de tudo o que eu vivi com o Gerson, uma coisa mudou em mim: o modo como olho para as pessoas e suas histórias é diferente.

> TODO MUNDO PASSA POR COISAS DIFÍCEIS NA VIDA. É PRECISO TER EMPATIA E RESPEITO PARA CONVIVER EM HARMONIA.

Há tanto acontecendo na vida ao mesmo tempo, tantos sonhos e desejos... tantos, tantos obstáculos... e, muitas vezes, nem tudo sai como planejamos. Para sobreviver a isso, é preciso coragem e resiliência. E eu aprendi, na prática, o que é ser resiliente.

E, então, depois de chegar a essas conclusões, eu decidi aceitar o convite do Manú e me organizei para a minha primeira palestra. A primeira vez que eu falaria sobre a minha história em público e para tantas pessoas desconhecidas. Eu não tinha ideia de como elas reagiriam nem sabia se elas também tinham passado por algo parecido.

A proposta era contar o que vivi e compartilhar como eu encarei todo o processo. Da dor da perda ao luto, e ao processo de reorganização da minha vida.

Essa foi a primeira vez que falei sobre a minha história, com o propósito de ensinar algo às pessoas. Depois disso, outras palestras aconteceram, este livro surgiu, e eu, aos poucos, fui melhorando o meu processo. A maneira de contar, de me posicionar, de falar em público, de me abrir para as pessoas. E à medida que evoluía, escrevia sobre tudo que aconteceu e me dava conta de como eu vivi tudo.

Sim, a gente segue aprendendo, mesmo depois de ter vivido um ciclo que já se encerrou.

As coisas mais importantes da vida

Ao entrar em contato com tantas histórias por meio da minha, muita coisa me chama a atenção e muita coisa me faz repensar e analisar todo o meu passado e presente. Em alguns momentos, eu penso em como teria sido a minha vida se eu tivesse feito escolhas diferentes. Como eu teria vivido? Será que eu estaria com o Manú hoje? Será que eu levaria a vida como levo hoje? Será que eu teria ficado em Poços de Caldas?

São perguntas com respostas impossíveis... E eu não tenho como saber como teria sido a minha vida, simplesmente porque eu escolhi viver o que vivi, e estou bem com isso. A partir do momento em que tomei essa consciência, muita coisa fez sentido e deixou a minha caminhada mais leve. Eu não me arrependo de nada e sou grata a tudo isso.

A vida nem sempre foi leve. Mas passar por uma dor tão grande e perder um amor tão novo, com mais tempo de futuro que passado, é um choque. E isso fez com que eu tivesse algumas certezas e quero compartilhá-las com vocês:

1. A vida é agora. Não importa o que vai acontecer amanhã ou depois de amanhã, a gente não tem controle nenhum sobre isso. Aproveite o seu presente da melhor forma possível.

2. Pessoas são muito mais importantes que coisas. Sim, muito mais. E, muitas vezes, nos prendemos à ideia de conquistar um trabalho dos sonhos, comprar uma casa, fazer viagens caras, e deixamos as pessoas de lado. Elas é que tornam grandiosas e importantes todas as nossas conquistas materiais. São as pessoas que tornam a nossa vida mais leve, mais feliz e mais cheia de amor. Não deixe as pessoas de lado.
3. A vida pode ser mais leve se você optar por isso. Tenha ciência das suas escolhas. Todos têm problemas e os problemas sempre vão existir, mas se você decidir tratá-los com tranquilidade, chegará à solução deles com o coração mais leve.
4. Ouça sempre o seu coração. Ele nunca falha. Se estiver na dúvida, ouça o que ele tem a dizer. Você vai saber o que fazer. Confie.
5. O amor salva e nos mantém vivos. Conte às pessoas o quanto você as ama.
6. Seja grata. Agradeça por tudo o que acontece na sua vida. Até mesmo pelas coisas, assim, não tão boas. Certamente, elas também nos reservam algo melhor, mais à frente.
7. Respeite-se e se ame, sempre. Esteja em primeiro lugar na sua história. Para isso, você não precisa desrespeitar o outro.
8. Seja forte e corajosa. Acredite que você é sempre capaz de encarar um novo dia para escrever a sua história.

Nessa caminhada, mais do que aprender a conviver com a dor e a superar o luto, eu aprendi a ver a vida como ela, de fato, é. E vi que sempre há algo acontecendo. Sempre tudo pode mudar. E até quando algo não dá certo no momento em que desejávamos, isso significa que precisávamos experienciar outras situações até conquistarmos o que era nosso — ou, quem sabe, mudar de sonho.

Não há mal nenhum em pedir ajuda, contar com apoio de amigos, familiares ou até de médicos. Entenda: a vida, muitas vezes, nos manda desafios pelos quais não conseguimos passar sozinhos. Pedir ajuda, saber com quem contar e estar próximo dessas pessoas é o que nos mantém vivos quando mais precisamos.

NUNCA DEIXE DE ACREDITAR NOS SEUS SONHOS.

Recomece quantas vezes for necessário

Eu não sei qual é a sua história de vida, qual é a dor que você deseja curar, qual é o caminho que você pretende traçar. A única coisa que digo é: não tenha medo de recomeçar. Não tenha medo de dar passos para trás, recalcular a rota e traçar novos planos. Faça o que seu coração mandar, acredite na sua história e na sua essência e mude o que tiver vontade.

Eu nunca imaginei que realizaria tantos sonhos depois que o Gerson se foi. Ao ver a neve pela primeira vez, me senti tão bem e tão acolhida que tive certeza de que ele vibrava, por mim, e que estava comigo. Eu nunca pensei que teria forças para continuar em São Paulo, sozinha, e recomeçar do zero em um novo trabalho, mas consegui. Eu nunca pensei que amaria de novo, me casaria de novo, mas aconteceu da melhor forma possível.

Por isso, reforço: nunca duvide dos seus sonhos e da sua capacidade para realizá-los. Você pode, você consegue.

CAPÍTULO 7

Carta ao Leitor

Como você se escolhe hoje?

Se me fizessem essa pergunta anos atrás, eu certamente não saberia o que responder. Talvez a minha voz engasgasse, a coragem faltasse e a dúvida pairasse na minha cabeça. Afinal, o que são escolhas? O que é estar em primeiro lugar?

Eu precisei passar tudo o que passei para entender o que, de fato, são escolhas. E isso não tem nada a ver com arrependimento. Eu não tenho arrependimento. Sou muito grata por tudo o que vivi e não faria nada diferente.

E viver toda a dor, deixar o tempo passar e chegar aqui, na escrita de um livro, me faz ter a clareza da Nathália que eu sou hoje, da Nathália que eu me tornei. Eu, hoje, sou diferente de ontem, mas sem anular quem fui. Eu sou uma pessoa que se coloca em primeiro lugar, que faz pequenas e grandes escolhas e que trilha quantos caminhos forem necessários para conquistar sonhos.

E é essa lição que eu espero que você leve deste livro.

Nós não temos o controle de nada, a vida é muito rápida, efêmera, o aqui e agora é o que importa e tomar essa consciência faz diferença — eu garanto! E isso não quer dizer que eu não faça planos para o futuro, que eu não planeje alcançar novos desafios no trabalho ou que eu não sonhe.

Eu sonho, sim, eu planejo. Eu almejo ter sucesso na minha carreira. Eu quero que a minha história ganhe mais leitores. Eu desejo que minha família aumente. Mas eu vivo o hoje, permaneço no momento presente e faço tudo o que tenho vontade. Essa é minha escolha. E é uma escolha forte e corajosa que você também pode ter.

Apesar de passageira demais, a vida é, também, bastante inspiradora. Não deixe de se conhecer, de saber quem você é, de saber quais são seus gostos e o que te faz sorrir. Leve a sua história para mais gente, coloque-se no lugar do outro e aproveite o máximo que puder.

Encontre o seu propósito e busque os meios para alcançá-lo. Viva tão intensamente e seja tão feliz a ponto de estar tranquila se você morrer hoje.

Viva. E deixe o mundo melhor para as pessoas.

A GENTE SE VÊ NAS
    PRÓXIMAS HISTÓRIAS...

Esta obra foi composta em Adobe Jenson Pro 12,5 pt e impressa
em papel Polen Natural 80 g/m² pela gráfica Meta.